顶尖学校

芬兰学校领导与管理

U0798981

Top Class

Finnish school leadership and management

[芬兰] 艾瑞·博卡 著
Ari Pokka

马敏 译

上海教育出版社
SHANGHAI EDUCATIONAL
PUBLISHING HOUSE

Preface | 序

艾瑞·博卡(Ari Pokka)与我一起走过了一段漫长的教育旅程,尽管我们生活在世界的不同角落。2012 年,我与来自维多利亚政府学校的校长团队访问了芬兰,受到当时艾瑞所领导的芬兰校长协会的热情接待。作为芬兰教育体系考察的一部分,我们参观了芬兰的大学和中小学校,受到了热烈的欢迎。此次访问,让我们对高表现的教育体系有了真正的洞察。此外,我们有许多机会与艾瑞及其同事讨论一系列的教育和文化问题。

全球社区的合作极大地丰富了我们的生活,并拓宽了我们对于学生可能性的视野。艾瑞慷慨地向我们敞开芬兰学校的大门,帮助我们了解这个复杂而专注的高表现体系。我们发自内心地祝贺芬兰领导人,他们的工作让每一名儿童真正有机会成功。

艾瑞是一位模范领导者,他用自己的心灵和智慧来领导。他对校长职业充满热情,作为教育领袖,他对塑造下一代也充满热情。未来将面临许多挑战,我们必须不断学习其他国家的经验。这本书为我们描绘了一幅芬兰学校领导的动态图景。艾瑞,感谢你分享你的经验。

加布里埃尔·利(Gabrielle Leigh)
澳大利亚维多利亚州校长协会会长
澳大利亚政府小学校长协会会长

Preface | 自序

芬兰校长的工作环境有些特殊。从芬兰全国的整体情况来看，在数百个城市中，学校大多是当地学术专业人员最集中的地方。即使在我的家乡于韦斯屈莱，一个大学城，也几乎没有其他的工作场所像学校这样：绝大多数员工都有学位，有些员工甚至拥有博士学位。

高素质的教师对校长的领导和管理来说，既是挑战又是机遇。挑战在于，一方面，大多数传统的领导和管理方法不太会奏效。校长必须恰当地决策，让受过良好教育的教师们深度参与学校的领导和管理。没有人可以单凭命令来领导一所芬兰学校，校长的领导力必须建立在信任和专业的基础之上。另一方面，良好的学校运营模式才能保障“世界上最高素质的教师”发挥最大的积极作用，而校长的工作主要是为专业人员的自治创造可能。

专业娴熟的教师是学校发展的核心，芬兰努力提升教师的专业技能，为国家和地方教育的发展服务。从校长的角度来说，学校的发展与共同知识和技能的分享密不可分，这些知识和技能还需要与丰富的学科知识、现有的资源以及新的学习机会相结合。重要的是，校长需要明白，学校发展工作形式不能僵化，应该基于责任和技能进行多样化的工作分配，敢于分享权力和责任的校长才是真正懂得该职业本质的人。

芬兰教育界的专业人士因“不竞争的学校”(Non-competitive school)这一共同理念紧密团结在一起。即使每年春天大学入学考试成绩公布时,媒体争相发布“最好高中排行榜”,这些排行榜的总体影响仍然很有限。在这一点上,芬兰公众应该受到赞扬,因为他们理解,简单、粗暴的学校排行榜背后的社会变化性因素。这是我们芬兰在全球范围内的另一种特殊情况,因为在其他许多国家,学校的公开排名可能会关系学校的存亡,影响校长的工作成绩。

“不竞争的学校”的优势在于,它可以与其他学校和教育专业人士分享其最佳实践。在某些方面,这种分享已通过国家和地方的在职培训和课程开发工作得以系统化。然而,在校长和教师的日常交流中,教师们会无私地分享更多的最佳实践,而且并不期待任何报酬。这让芬兰学校成了咨询顾问的噩梦,因为在这里专业知识免费共享。最终因此受益的是芬兰的儿童和青少年,他们获得了高质量且持续发展提升的教育。

国家和地方的教学指导以课程和学习结果评价为基础。这两种方法都是发展性、教育性和指导性的。学校检查的取消,进一步增强了信任和学校自治的共享文化,因为我们相信校长和教师最有能力解决学校的问题。这种把学校托付给校长和教师的信念是一种强大的领导力。对校长和教师来说,就像是在开办自己的学校,在自己的学校里教书,这是一种非常强烈的职业精神,芬兰学校的成功体现的正是这种精神。

校长把学校看作一个整体。它像是一块由数百条主要和辅助的线织成的布,所包含的内容比学校建筑要多得多。在许多专业文献和教育辞令中,校长的工作常常被拿来与CEO的工作相提并论。虽然二者之间有许多相似之处,但也有许多方面并不相同。在日常工作中,很少有CEO

像校长那样接近核心细节。想象一下,校长可以为一名被残酷的生活现实所伤的学生做心理抚慰。这样的工作细节出现在任何一位 CEO 的工作描述中是很难想象的。

校长对学校发展至关重要。校长以他们的工作贡献、行动方针、道德准则以及其他推进日常工作的方法,为学校的发展奠定积极的基调。最理想的情况是创造出一种使学校运营的文化,让学校社区的每个人都能成为学校发展的贡献者,同时又是他们自己工作的领导者和管理者。在芬兰,到处都是这样的学校:持续学习的社区,让学生、家长和周围的社会都参与学校工作。这就是芬兰学校的优势,而且我们会一直保持。

在担任校长的职业生涯中,我有幸管理过三所学校。虽然日常处理工作的方式、方法有所不同,但我在学校领导和管理中的基调依然清晰可见。那就是真正关心儿童和青少年、良好的咨询指导、国际化和共享领导力。在过去的 20 年里,这些基调支撑着我的学校。我很自豪地说,它们已成为我所管理的学校中最重要的工作方法。它们也鼓励着我持续前进和成长。同时这也说明,做芬兰校长是一份很好的工作。

艾瑞·博卡

芬兰　于韦斯屈莱

To the Reader | 说明

芬兰教育法将接受基础教育[1]的儿童称为小学生(pupils),将接受普通高中教育的青少年称为学生(students)。为清楚起见,我在本书中使用了“学生”一词。在必要的情况下,我会对这两种学校形式做区分。另一个概念涉及“校长”这一专业头衔,在本书中被用来集体描述芬兰的一类教育专业人士,其工作职责主要是学校的领导和管理。虽然在芬兰有一些小学校,它们的校长或学校领导的教学责任比领导和管理责任更大,但公平地说,他们的领导和管理贡献与其他校长并无二致。因此,本书未对这两种类型的领导和管理职务头衔做单独区分。

① 译注:此处的基础教育指小学和初中。

Contents | 目录

TOP
CLASS

Finnish school leadership and management

不让任何人掉队

芬兰学校有数百个不同的故事。之所以会有这么多,是因为它们都是由别人而非芬兰教育者自己所讲述的。

在国际学生评估项目(PISA)过后的十余年里,参加世界各地的教育研讨会,聆听来自不同国家的演讲者分享他们对芬兰学校的运营模式和卓越表现的看法,对我来说,一直是件奇怪的事。有一点难以置信,芬兰学校已经成为国际教育中最热门的品牌,但即使是最好的分析似乎也缺少了一种真实的“内部感”(inner feeling),可能是因为作为芬兰学校的一部分,这种感觉仅仅存在于其创造者身上。

“教育梦想之地”的故事常常被批评缺乏对其发展先决条件的考量,因为很少有研究人员或其他教育专业人员能够掌握芬兰学校每天的真实情况。芬兰如何以平衡的方式教育儿童和青少年,以支持他们的全面发展和福祉?在芬兰,学校被描述为“伟大的芬兰社会创新”发展故事的一部分,教育是建设福利社会这一更宏大计划的一部分,其基本理念是不让任何人掉队。

芬兰学校成功的原因之一是,政治氛围一直很平稳,历届新政府都认为无须通过改革公共教育来彰显权力。此外,芬兰教师被视为专业人员,工作效率高,对教育工作的意志坚定。信任的文化和较少的层级制度也常被用来解释芬兰学校的优势。总而言之,有几十项研究和分析都包含了一些事实,但也容易简单化。

芬兰学校成功的背后存在广泛的运营网络,它们共同创造了一种独特的工作环境。这种环境使得教师高超的专业技能与高水平的教学领导力相结合;这种环境充满了对儿童和青少年的尊重以及教职工对教育共同的承诺;这种环境源于教育政治的和谐以及学校、教育提供者和国家教育政策制定者之间出色的合作。也正是从这个角度出发,芬兰最优秀的学生将成为一名教师或校长作为他们理想的职业选择。

2012 年,国际学生评估项目(PISA 2012)的结果在芬兰教育界引起了热烈的讨论。此前 10 年,芬兰牢牢占据着 PISA 结果的全球最高位置,如今却不得不接受一个略低的分数。如今已尘埃落定,我们应该分析究竟是什么原因,芬兰是否需要对测评结果担忧,如入绝境？芬兰和其他所有参加公立学校系统能力竞赛的国家一样,应考虑 PISA 或其他任何衡量知识与技能的测试会给学校带来什么样的影响。最重要的是要思考,我们是否需要用 PISA 的结果来指导学校的发展,还是继续坚信自己的芬兰方式。

教育应该持续更新与发展。有时候,我们必须大胆而勇敢地改变,但也必须给校长和教师充裕的时间来推进他们的工作。教育不是一件简单的产品,并不是通过标准化和持续的测试,就可以得到某种程度上更好的结果。相反,那些相信通过全国性的测评就能取得学习成果的国家在国际比较中很难取得令人信服的成功。缺少成功往往会导致竞争性的文化,教师和学生都被压力逼到筋疲力尽的边缘,这最终将侵蚀整所学校的文化。在这场“人为的战争”中,工作和学习的乐趣、积极向上的学校文化是首当其冲的受害者。

芬兰准备重新分析最新的 PISA 研究，我希望我们可以有足够的耐心和信息来评估荣获 PISA 2012 冠军国家的学校现实。芬兰学校制度的优势之一一直是注重儿童的全面教育。我们不希望学校成为“竞争的中心”，这正是芬兰教师和校长成长的基石，也是芬兰教育的核心价值所在。回顾过往的职业生涯，我曾有幸访问过上百所芬兰以及国外的学校，我总能在芬兰学校的空气中发现一些特别之处：一种在一起工作的快乐感。这种感觉从你踏入学校大门的那一刻就开始欢迎你。这就是为什么芬兰不应该将教育成绩最好，但为学业牺牲了儿童和青少年的国家作为它的指航灯。相反，我们应该设法为芬兰学校创造更加令人满意和促进主动学习的环境，更好地支持知识和技能的应用。

学校的教职工让变化最终成为现实。我相信，我们所有从事教育工作的人都希望在教育政策方面有清晰和一致的愿景。这种愿景将把芬兰的学校带往未来的几十年。我们需要勇气打开新的大门，同时保持对芬兰教育体系实力的信任。最重要的是，我们需要相信自己的创新能力。如同教育政策一样，可持续性是学校领导和管理的价值。它并不意味着停滞不前，而是在面临抉择时具有技巧和耐心。

2011 年，我遇见了墨西哥教育学者爱德华多·安德里博士（Dr. Eduardo Andere）。他问了我一个有趣的问题：有什么其他职业最适合描述我的工作？尽管这个问题很难，我的回答却出乎意料地快。我告诉他，我是一名看门人，为新朋友和新思想打开大门的人，我使发展和创新成为可能。

我常想，校长就像一名爵士乐队的领队。舞台上有一群才华横溢的音乐家，他们每个人都能表演出精彩、特别的独奏。然而，音乐的诱惑和魅力并不仅仅体现在精心准备的独奏中，还体现在乐队指挥所提出的音乐主题中。主题存在于一切事物中，甚至在最令人兴奋的即兴表演中，它也总是会在演奏过后被提起。更重要的是，就像所有有趣的事情一样，明知有时会失败，人们仍然敢把自己置于一种情形中，这取决于他是否能够识别出控制局面的信号。

当然，20 多年的校长生涯不仅仅帮助我打开了身体或精神的大门，还成为了一名“乐队指挥”。白天充满活力的学校生活，每到夜晚会不知不觉地变成各种新问题和新答案。与“未来的创造者”一起工作既是挑战，又充满奖赏。每一代人都会提出新的问题，学校和校长必须回答这些问题。校长在学校里不能糊里糊涂，像“梦游”一样，否则未来会把你远远地甩在后面。

芬兰社会一向重视教师和校长的工作。学校在社会发展中扮演着重要的角色，这在芬兰的历史中显而易见。对于任何新社区来说，建设学校一直是首要任务。学校代表着连续性和稳定性，代表着新生命的成长和教育。在许多方面，校长和教师都是社区的“教育发动机”，他们的工作不仅仅是教育年轻人，还包括塑造和培育整个社会赖以成长的价值观。

芬兰学校以及我们看待校长和教师的方式已经发生了很大的变化。这种变化在校长的工作描述中尤为明显，他们负责学校社区承载的多种功能和网络。然而，最重要的改变是校长的领导地位越来越受到重视，不再是具有管理权威的教师，而是学校的首席执行官。他们在学校和学校周围的社区中都是杰出人物。如今，许多家长对学校的看法转变为一种客户关系，校长作为学校决策者的角色变得更为重要。不管校长喜欢与否，他们都是学校的“公关代表”。

同时，校长的职责范围也大大扩展了，从学校日常运营的领导者和管理者转变为教学和战略的领导者，同时也要对学校的财务和安全负责。再加上学校里数以百计的日常状况的挑战，校长就像一名“全能选手”，必须在局部行动的时候看到全局。因此，要想取得成功，校长必须清晰地了解自己的工作内容，为不随趋势而动的长期工作奠定基础。

校长职业有一种显著的特质：学校是为儿童和青少年服务的机构，我们所做的每一个决定都必须以儿童和青少年的最大利益为基础。作为教师的主管，我们也要对我们工作场所中的专业性和幸福感负责。在我看来，这也可以归结为同一个原则：一个欣欣向荣的工作场所服务于所有学校的总目标——以最好的方式为下一代提供更多的技能和幸福。

对平等的强烈追求是芬兰教育政策的特征，所有的孩子都应该拥有良好的自我发展条件。这一理念创造了芬兰独特的学校体系——不为受欢迎程度而竞争，而是通过全面的合作、分享最佳实践来取得更高层面的成功。校长的管理方式为这种教育政策树立了典范，因为我们的目标是发展学校制度，而不是在竞争对手的道路上设置障碍或互相竞争。

您手里拿着的这本书是对芬兰学校的描述，就像我在职业生涯中经历过的一样。芬兰校长是参与型的领导者，这是教师、学生和家长都欣赏的。这本书的目标是描述我所看到和经历的学校领导和管理的真实情况。作为芬兰校长协会和国际校长联盟的主席，我有很好的机会来发展和评估我的工作。我在书中所描述的工作生活变化是我个人的切身感受。因此，这本书在讨论学校领导和管理的同时，也包括对教育政策的讨论。校长必须了解当前教育政策的趋势以及学校日常生活的方方面面，与他人一起合作，才有可能成功。

芬兰国家核心课程的基本价值观

2003 年，芬兰高中国家核心课程中将高中教育的基本价值观定义如下：

基本价值观

芬兰高中教育的基本价值观建立在芬兰文化历史的基础之上，是北欧和欧洲文化遗产的一部分。在高中，学生应该学习如何珍惜、评估和更新他们的文化遗产。学生也将接受包容性与国际合作方面的教育。

高中教学将基于对生命和人权的尊重而进行。理想的高中教育由对真理、人性和正义的追求组成。普通高中教育必须促进开放的民主、平等和健康。学生被视为其学识、能力和世界观的构建者。教育必须考虑人类需要利用全部感官来观察和分析现实这一事实。

教育工作强调合作,鼓励互动和诚实,其目的是让学生了解自己的权利和责任,并成长为对自己的选择和行为负责的成年人。高中阶段,学校必须为学生提供如何通过共同决策和努力来塑造未来的学习经验。

高中教育必须鼓励学生认识预设的价值观与现实之间的冲突,批判性地思考芬兰社会与国际发展中的问题与机遇。在高中阶段,学生必须能够对北欧国家和欧盟的基本公民权利产生清晰的理解,认识它们的实际意义以及维护和促进其发展的方式。高中教育必须突出可持续发展的原则,并使学生有能力应对世界变化所带来的挑战。

基于当前教育和学校中所面临的挑战,高中教育的基本价值观由第 5.2 节中跨课程的主题所统一。

每一门课程都将使基本价值观具体体现在对每一所特定高中的至关重要的问题上。基本价值观必须落实到学校的运营文化、所有学科的教学目标和教学内容中，以及学校各项工作的组织中。[①]

国家核心课程制定完成之后，教育主管部门请我领导了于韦斯屈莱市高中的课程工作。这项工作的目标之一是为于韦斯屈莱市所有高中确定一套基本价值观。负责该项工作的校长团队对这套基本价值观的描述如下：

> 于韦斯屈莱市高中学校的目标是培养积极、独立和合作的公民，使他们能对芬兰和全球化的发展、科学与艺术、环境和人类福祉进行批判性分析。
>
> 于韦斯屈莱市高中生会将终身学习的理念内化为其人格发展的一部分。
>
> 于韦斯屈莱市高中学校重视其学生的独立自主性，为他们成长为成年人提供支持。
>
> 于韦斯屈莱市的高中学校重视学生社会资本的拓展，鼓励学生合作，其教育基于社会平等的原则。
>
> 于韦斯屈莱市高中学校重视教育平等的需求，以保障学生在向着目标前进之路上享有平等的机会。
>
> 于韦斯屈莱市高中学校重视和支持学生用勇敢、有创造力的方式来分析和改变周围的世界，对自己的文化和其他文化持开放态度

---

① 来源：http：//www.oph.fi/download/47678_core_curricula_upper_secondary_education.pdf.

是高中学生通识教育的一部分。学习尊重差异、理解多元文化的世界也是于韦斯屈莱市高中学校的基本价值观。

于韦斯屈莱市高中学校建立在相互信任和尊重各高中学校运营文化的基础上。这些原则和价值观是于韦斯屈莱市高中师生工作的核心。

TOP CLASS

Finnish school leadership and management

为学生的最佳利益，做有价值的工作

学校一直是价值共同体,其功能由法律以及课程中的目标和基本价值观所决定。教育目标是人们的社会价值观的反映。除了课程和教育主管部门以及学校的基本价值观,可能还有课程中没有提到的道德教育内容。校长们必须认识到这些价值观,并确保学校特有的价值观与国家核心课程所界定的内容相一致。

共同的规则、公正、信任和平等是我们都认可的、良好工作场所的特征。学校可以在工作中着重强调民主、文化遗产或国际教育。在最理想的情况下,学校社区的共同价值观意味着,校长、教师和学生都认为这些内容的实现具有价值。在这种情况下,校长积极、主动地提出价值观,而不是被动地执行上级强加的价值观。

不竞争的学校

芬兰教育政治的力量和伟大故事发轫于 20 世纪 70 年代的综合学校转型。为每个芬兰儿童提供平等的教育机会,是芬兰综合学校价值体系最重要的领悟之一。那些需要竞争初中入学机会的学校被改为九年一贯制学校,之后学生可以选择申请高中或职业学校。避免过早竞争的做法被视为芬兰基础教育改革改善学校体系的最根本途径。

如果你想在芬兰的学校里看到竞争,那会是一种内心的暗暗较劲,努力把事情做到尽善尽美的态度。避免竞争是评判芬兰校长工作质量的维度之一。观察芬兰的教育政治和围绕教育的讨论，你会听到一种深沉的、关注人性尊严的、带有人道底色的声音。排名靠前的学生、超级教师的名字并不会出现在芬兰学校的叙事中。

在没有竞争的背景下，你会发现芬兰学校系统没有标准化考试和试题编制委员会，因为这两者都倾向于将学校引向标准化。更重要的是，如果存在全国性的标准和测评，就会产生学校排名的空间，最终区分出“好学校”和“差学校”。

在芬兰，尽管我们懂得认可、理解和包容学校的差异，但围绕教育的一般性讨论中，我们依然会讨论影响教育的社会和经济因素。这一现象与世界上许多其他国家类似。但如果教育体系被一种根深蒂固的竞争精神主导，那么校长们很难不去定义什么是“好领导”，什么是“差领导”。成功与否就成了负担，在最坏的情况下，它将影响正常的工作以及体验工作的意义。

学生第一

在任何学校价值体系中，最基本的出发点之一都是尊重儿童和青少年，而且承认学生是学校社区中被充分尊重的成员。虽然对学生最大利益的承诺不能直接定义为一种特定的价值观，但它仍然体现出学校最基本的价值观和态度。芬兰学校领导和管理的价值观设定中有一股强大的“暗流”，那就是学生学习不是为了校长、教师、学校声誉或家长，而是为了他们自己，为了他们自己的人生取得成功。

学生有权成为其所在的学校环境中活跃的主体，这对学校和学校的领导和管理都是一项宝贵资产。用户提供的信息通常是不同的，对现实的观察也不同于服务提供者。这就是“以学生为中心”的方法，为组织教学和学校运营提供了新视角。真正倾听、听到学生的心声是最好的方法。通过这种方法，校长既可以尊重学生的能力，还可以将其提炼为学校发展的工具。

“以学生为中心”的方法是重要因素之一。特别是遇到那些成长中的学生经常会出现的、我们不希望出现的行为、学习困难或其他挑战时，校长需要提醒自己，在学生提出的每一个困难情况和问题中都有一条“银边”、一线希望。强调积极的方面在芬兰学校的价值观和世界观中根深蒂固。如果学生或其监护人意识到，这并不仅仅是抓住错误和实施惩罚，即使是处理棘手的问题也可以有更多的收获。

每当谈到在学校工作的积极一面时，与学生的互动总会被提到。校长们不时地思考工作中这一最基本的意义非常有用，特别是管理职能开始占据工作中的大部分时间时，这一点尤为重要。在学校工作中最重要的部分是促进学生的学习和做他们生命中的“礼物”。如果失去了这条“红线”，你可能胜任领导一个运转良好的组织，但绝不是一所好学校。

听、倾听，做公正的事

学校社区的所有成员都应被公正地对待。如果学生或教师觉得校长存在偏见，就会产生很多矛盾。因此，重要的是校长要不时地向双方澄清他的角色，这不是站队，而是努力为多种情况找到公平的解决办法。

不公正的遭遇会在儿童和青少年的经历中留下永久的印记，不愉快的学校记忆通常源于不公正的经历。这种经历可能是任何事情，从意见被贬低到没有被倾听，也可能是由于学校工作人员认为学生的事情不如成人的重要，没有兑现给学生的承诺。

在师生冲突中，重要的是所有人都能够被倾听，所有人都有机会表达自己的观点，不用担心受惩罚。公正与芬兰学校的信任文化密切相关。与校长分享的任何信息都是保密的，并会得到相应的处理。更重要的是，这些沟通总是用于处理手头的问题或事件，永远不会重来，除非以某种方式再次出现。

在管理教师的工作方面，校长做决策时需要深思熟虑。在工作场所，比如学校，要做出公正的决策总是很有挑战性，因为学校里总有源源不断的日常管理事件。校长通常对当前的大形势有最好的理解，包括他们所做决定的反面。因此，在看似相似的情景下，校长会做出不同的决定，其背后的理由可能大相径庭。即便如此，旁观者还是只能看到决定本身，即使是强有力的理由也很容易被不公平对待的感觉所掩盖。

本着公正决策的精神，最好记住一条“绝对命令”①：只有在你的行动能够成为普遍规律的情况下，你才能采取行动。虽然从多元文化和多元化社会的观点来看，绝对命令的想法是僵硬的，但它仍然为决策者提供一个机会，使用一致和类似的“粗线条”，创造安全和公正的氛围。

健康学校的挑战

21 世纪的头十年，关注工作场所社区的健康和幸福感已经成为校长工作中更重要的一部分。这既包括物理环境的安全，也包括提升学校社区全体成员的幸福感。在最实际的层面上，这意味着校长要为充足和安全的教学设施负责。对学生参加日常教学的能力进行测评，也是对健康和安全的测评。

---

① 译注：绝对命令（categorical imperative）出自康德的伦理学原则。

深度参与学生福利组织是学校领导和管理文化的重要组成部分，部分原因是，校长需要为组织教学和任何可能的变化做决策。然而，另一个更重要的原因是，校长对学生的健康和福利的专业兴趣和责任。除了学生的福利，教职员工的福利也必须最大化，因为它与学生的福利密切相关。

对学生的健康和福利负责意味着，校长必须认识到当前青少年文化中的不同现象与发展趋势。有时，青少年文化的变化周期会损害学生福利，学校必须识别出这些现象，以便预测其对学校生活的影响。滥用药物、吸烟、饮食习惯和睡眠模式等既是年轻人日常生活中的现实，也是文化现象，应该引起注意。例如，娱乐性毒品的使用遵循一定的时间规律。在芬兰，吸烟和饮酒的人数都在稳步下降，越来越多的年轻人将节制作为一种生活方式。

法律还是道德

在学校工作中，校长做出公平的决定需要广博的法律知识，同时还需了解法律决策过程。在学校里，人们经常会遇到遵守法律和公平、公正、合理的一般概念之间产生冲突的情况。这些情况确实考验个人的能力和正义感。

虽然有时在法律上正确的决定与个人的价值观相悖，但决策者需要遵循明确的指示。立法机关让学校来做决定时，一定要遵守法律。另一方面，没有法律背景的问题则应该依据决策时看到的事实和使用的价值来处理，无须寻找过于复杂的理由。

违反或设法绕过法律会让校长面临无法做出公平决策的问题。虽然个别情况下，不遵守法律造成的损害似乎比遵守法律要小，但不可避免的是，随之而来的新情况依然必须依法解决。因此，选择遵守法律的领导方式，要比试图针对个案去寻找对法律的独特解释简单得多。

已达到法定成年期的学生的法律地位尤其可能会成问题。学生不再是未成年人，要对自己的行为负责。未经学生同意，不得将学校发生的任何事情的进展、学习情况或信息透露给父母或监护人。因此，许多校长在处理有此种要求的学生时感到无能为力，因为学生的问题不能与其主要教养者讨论。另一方面，从更广阔的视角来考虑成年公民的权利时，我们很容易看到在某些事情上，因官员使用权利将部分法律上的无能强加给成年人所造成的问题。

整个国家的学校

教育公平一直是芬兰学校的核心价值观之一，其实质是儿童和青少年不论性别、家庭所在地或家庭的社会经济地位，必须享有平等的入学机会。无论校长还是教师都致力于教育公平，教育公平已经成为芬兰教育显著的特点之一。

教育机会均等的基石是，基础教育阶段的儿童有机会就近入学。这意味着芬兰的每一所学校都应该能够提供高质量的教学，以最好的方式应对所有学生的学习挑战。芬兰教师的专业技能，加上专业的学校领导和管理，使公平而高质量的教育成为可能。然而，这并不意味着“千校一面”，每所学校的面貌和文化仍然具有独特的个性。

学校也最大限度地赢得了家长的信任。这意味着，家长为了让孩子就读好学校搬家，而不是就近入学的“择校”现象并不普遍。但是，这种趋势在芬兰也在上升，尤其是在首都地区。另一方面，学校和校长们正在共同努力遏制这种趋势的发展，引导儿童和青少年就近入学。

TOP CLASS

Finnish school leadership and management

以学生为中心的学校

芬兰学校最大的优势之一是，全身心地致力于学生的学习、发展和教育。这种负责任的态度体现在校长的工作中。确保在教学方面取得成功是校长职责的核心目标，这项工作超越管理或财务工作，其主要的出发点是在现有的情况下“做对学生最好的事”。

对教学的专业理解，决定了校长如何领导和管理一所学校，总目标是为每个学生提供最佳的学习环境和学习方法，以支持他们的教育。

参与学生的日常生活是校长的职责。立法者为这一职责提供了法律框架，但大多数校长也会构建自己的职责架构，许多校长有清晰的领导策略。他们走到学生中间，感知他们的情感；他们与学生交谈，为学生提供指导，解决学生可能遇到的任何问题。校长用他们的态度和风度来教育学生。在此过程中，他们也让学生们明白，校长的角色不仅是学校的最高权威，而且是整个学校社区日常职能的一部分。

目前，在芬兰人们对学校纪律进行着有趣的讨论，新的立法授予学校人员更大的权力来处理不希望出现的行为。然而，几十年来，即使没有这项新法律，校长的角色权威在学生的眼中一直是很重要的。这种权威并非建立在等级制度或仅仅使用权力的基础之上，事实上，更多是建立在校长与学生的交流和在有困难的情况下理解学生的能力上。这种强调与学生“对话”而非“训诫”的风格是芬兰学校文化的一部分。它需要教师和校长的共同努力，也有助于营造相互尊重的氛围。

解决学生在生活中遇到的多种学习困难和问题，是校长与学生关系的特点之一。这就是为什么校长需要了解自己的学生，了解儿童和青少年所生活的世界和文化，学校无法脱离周围的社会环境而存在。更重要的是，了解年轻人如何看待世界有助于学校社区应对文化变迁和新的文化现象。

涉及纪律和规则时，我们需要用更广阔的视角来看待学校社区。有时教师们要求校长施行更严格的纪律处分，这种讨论类似公民与法院之间的讨论。强有力的制裁只会导致一个结果：惩罚比教育更多。校长必须经常评估其决定的公正性和平等性。校规有时让人难以遵守，过于刚性的原则不适合儿童和青少年。

作为一名校长，最好和最值得的事是与学生一起工作。无论是培养出成功的学生，还是帮助遇到挑战的学生解决问题，这些成就都为校长的工作带来了极大的意义。我的许多校长同事深感遗憾，因为在管理和无数其他任务的压力下，他们无法像教师那样专注于儿童和青少年。但单纯地增加校长的教学职责并不能帮助他们找回工作中这些最重要的内容，相反，应该把教育领导力放在更优先的位置，这将同样是为未来的创造者投资。

欢迎来到好学校

为了让学生得到良好的教育，在他们开学之前，学校需要完成大量的准备工作。首先，需要确定每所学校的招生人数。这项工作由学校与市政教育部门共同完成,他们需要提交一份学校网络提案给负责组织教育工作的市政委员会。每所学校的招生人数取决于学校的规模、该地区的新生人数和学校的财力。在基础教育阶段,我们的出发点是每个学生都就近入学,但在高中或中职教育阶段,学生可以在全芬兰范围内选择学校。

在学生选拔真正开始之前,学校会为家长和学生组织多种活动。在基础教育阶段,家长和学生有机会参观学校,新生也会参加由校长和指导顾问共同组织的特别注册活动。高中阶段的学校会投入大量的时间和精力帮助学生和家长熟悉各学校。学校充分展示其特色,并努力从每一届学生中招收到最好的学生。高中阶段,学生很少在当地的学校学习,这对他们的学习,尤其是对他们在校时长有影响。

校长是这些营销工作的关键人物。他或她就像是学校对父母及其子女教育承诺的“化身”,将学校所能提供的可能的学习路径描绘成一幅真实的图景。在实际操作中,通常由学校负责学生咨询的教师组织这些介绍活动,但是由学校领导和管理层决定他们希望与全体教职员工一起树立什么样的学校形象。在高中教育阶段,活动主要由学生咨询顾问和辅导员组织,校长主要负责与家长的会面。在学生选择的初期,校长的出现会让人对学校的领导管理和专业能力留下深刻的印象。

校长是正式进行学生选拔的人。在高中教育阶段,选拔结果由学校直接通知学生;在基础教育阶段,结果则是通知到学生家庭。学生或其监护人必须告知学校他们是否接受，然后他们会被编入班级或家庭小组。这些小组可以任意组成，也可以根据学生所选择的学科、具体的学习方向或支持措施来组成。在学生选拔正式结束后，学生还可以继续查询学校的开放名额，整个学年还是会有学生陆续入校。

芬兰基础教育和地方学校的特色之一是学校和日托机构之间的合作。学校与日托服务提供者有一次重要的会面，帮助日托服务提供者了解其学生将要进入的学校。学校工作人员需要了解学生将要面对的学习或生活上的各种挑战。然而，我们必须注意到，采取这一措施只是为了预先考虑学生适应学习过程的可能要求，并随时准备应对学生可能出现的问题，并不是要做出预先确定的、自我应验的预测。类似的信息交换也在其他学校进行，尽管在高中教育中，学生已经有丰富的教育经历，有时也会面临挑战。

芬兰有意识地增进不同教育阶段之间的合作。就基础教育阶段以后的学习而言，最大的挑战是男生在高中教育或职业教育中找不到学习动力，有脱离教育、最终与社会脱节的危险。这个问题很显著，不仅在芬兰，在西方其他福利国家也是如此。这反映了学校系统内部的运营文化，女生似乎更容易在学校里找到有意义的事情去做。

新生入学第一天会有欢迎会。负责学生咨询的教师制定新生入学第一天的日程表，并积极参与其中。根据学段不同，这可能是一个简单的欢迎会，也可能是对学校及其功能的全面介绍。在高中阶段，新学年通常由校长的开学致辞开始，除了提供实用的信息外，校长还会对学校的运营、目标和理念进行更全面的介绍。芬兰校长享有一种特权，他们在开学时第一个问候学生；在学生离开时，最后一个同他们道别。

从课程表到教学大纲

组织学生学习是校长最重要的工作。这主要意味着把学生的课程表或教学大纲放在一起，但也涉及组织许多不同的学习情境。在这项工作中，学校必须遵循官方的课时分配，教学必须符合国家核心课程的要求。

学生的课程表，也是教师的课程表，但必须首先是学生的工具，为学生的学习服务，将学生的学习压力减到最小。不同的年龄组需要各自的方法，课时分配决定了最少需要多少节课。大量的选修课、有限的教学设施、在多所学校同时任教的教师、特殊教育计划、小组活动，综合各种各样的内外部变量，你可以看到这些内容组成的有趣的时间表拼图。这些拼图是校长们每年都要去完成的。

组织学校工作的经验法则是将必修课放在在校学习最重要的位置，为教学和重要的辅助功能（如学校午餐）创建稳定的框架。各种选修课、小语种教学和社团活动安排在学校生活的次要位置。然而，诸如教学设施的可用情况和在多所学校同时任教的教师等变量，往往会让规则有一些例外。

芬兰高中的教学节奏以秋季学期为主。这是因为全国大学入学考试规定了一些最后一学年里学生的教学安排。有些学校可能会在教学大纲中优先安排上述必修课程，但许多学校的目标是创建一个尽可能平衡的时间表，在一天中平均分配所有科目。特别是第一年的教学大纲必须要规划好，避免某一学段安排太多学术课程，并且有足够的艺术和体育课程来平衡学生的时间表。

芬兰高中的课程表不同于常见的课程表类型。芬兰的高中不分年级，学校根据学生的课程选择提供服务，所以没有两个学生有完全相同的时间表。组织高中学习的第一步是学生选课。然后，校长根据现有的财政资源来决定开设的课程数量。选修课和必修课的设置、秋季和春季的大学入学考试、可用的教师资源都是影响课程大纲制定的变量。更重要的是，校长还必须考虑学生选课过程所提供的详细信息，学生个人的选课会改变课程大纲最终的重点和结构。

在综合学校，许多学生的个人教育计划和特殊安排也会影响学校工作的组织。虽然教师在常规课堂教学中融入了许多特殊安排，但也必须与特殊教育的教师或特殊班的教师开临时小组会议。在所有这些计划中，校长必须谨记，将教学与分组学习、休息与学校午餐以及课后活动相结合，才能确保所有的学生拥有平衡的学校生活。

组织中小学的学校工作时，教师和学生之间的关系也是需要优先考虑的事项。在低学段，通常是同一位教师带同一组学生。这些教师在教师教育中接受了专门的培训。随后，在高中阶段，课程安排会在一定程度上照顾良好师生关系的连续性，尤其是在高中学习的第一年。但是，在基础教育的最后阶段或高中，由于教学是由学科教师而不是带班教师来进行的，因此不可能再强调师生关系，所以，学生通过他们的家庭小组教师（home group teachers）①与学校建立稳定的关系。另一方面，合适的教师对学生影响很大，在规模较大的、不分年级的高中，学生可以选择最适合他们学习风格的教师。

家长还是客户？

家长在学校运营中的作用显著增强。他们作为学校教育支持者的角色非常重要。如果父母对孩子的教育有兴趣，会影响孩子在学校的成功，培育他们对学校的积极态度。与此同时，家长希望得到个性化服务，这种新型的客户关系已经成为校长工作中重要的一部分。但是相对而言，家

---

① 译注：家庭小组教师（home group teachers），负责管理一组学生（20—30 人），主要工作是关注学生，与家长和其他任课教师沟通，关注学生的学习问题，为提供特殊教育的教师提供咨询，与学生分享学校的相关信息等。

长为人父母能力的缺失却越来越严重。严重的情况下,学校工作人员需要与家长面对面处理此类问题。

家长和校长之间建立关系的早期阶段很重要。学校的形象是怎样的?学校社区,包括家长,共有的学校生活规则是什么?明白两件事很重要:一是家长作为成年人,既有权提出有关学校的问题,也有权得到相应的回答;二是校长和教师经常使用外行人难以理解的学校术语,但是重要的是,学校与家长的沟通要清晰,并且要用他们的真实姓名。

学校应具备一些家校沟通的策略,最重要的是保持诚实,因为遮遮掩掩和过于高调都会破坏与学生家庭之间的合作。此外,沟通应该是持续的和多渠道的,通过不同类型的信件、博客和消息,将校长有关学校日常生活的观点传递出去,为家长提供学校活动和日常课业的全方位的信息。比如,为家长提供的信息也可以是一份孩子所取得进步的简单记录。如果沟通内容大多是负面的事情,那么来自家长的反馈通常也是负面的。

信息夜(information evenings)、学校各种活动、主题日和庆祝活动都是校长与家长会面的机会。家长协会和学校董事会也提供与家长合作的机会,如组织学校活动。家长—教师会议是基于信任的双边评估的重要基础,可以作为学校发展的工具。

学校未能达到某些人的期望时,校长也是投诉的对象。由于家长已用客户服务的视角看待学校,处理投诉也成为校长日常工作中越来越重要的部分。许多家长对学校的要求会损害公平的基本原则,在这种情况下，校长必须评估其决策的透明度及其对学校的总体影响。这是个性化服务和共同利益之间的冲突，不幸的是，这种冲突永远不会有两全其美的解决方案。

学校的领导和管理在某些情况下会受到挑战，尤其是解决学生的问题需要家庭的深度参与时，校长必须有能力调解，同时还要就最终如何解决问题给出明确的说明。如果学生家长不接受或不愿接受学校所采取措施的原则，会尤其困难。作为负责儿童工作的官员，学校工作人员如果真正关心学生的健康或幸福，就有义务从儿童的幸福出发去处理这类情况。这显然很容易导致学校和家长之间的冲突。

在正常情况下，家长是学校真正的力量；在最糟糕的情况下，他们又让校长在每个工作日都忧心忡忡。然而，即使学校与家庭的观点相冲突，学校工作的重点依然是让学生利益最大化。棘手的学生事件通常会得到令人满意的解决，但不幸的是，这可能需要付出教学上和人道上的双重代价。

学生是一种可能

活跃的学生和他们的项目是快乐的源泉，也是学校持续自我更新的一种可能。校长和教职员工可以引导学生的活动，借助这些活动使学校成为更加令人满意的学习环境。根据学生的年龄，项目范围从涉及整个学校社区的调查、研究、主题日等大型活动，到只涉及一组学生的小型活动不等。

学生参与的全面发展是国家核心课程的一部分，也是学生与学校教职工合作的主要目的。虽然教师通常负责学生会，但校长也应该参与其中，倾听学生的建议、关心和愿望。另一方面，学生会可以推进由学校工作人员发起的发展课程，例如，将学校的常规工作与国家核心课程中提出的跨学科主题、学校特色的重点内容或校外学习相结合的课程。

为学生会提供积极参与学校工作的机会，创造开放的学校运营文化，学生的想法才能够得到倾听和鼓励。参与非营利性组织工作或改善当地社区都是学生会可以积极发挥作用的途径。来自校长的鼓励和授权对学生意义重大，这种信任常常在校长处理学生的消极行为时得到回报。

学生在日常课业之外参与的活动都可以记入他们的学习记录。学生社团工作是高中的一门选修课，国家核心课程的跨学科主题涉及生活的许多领域，都可以认为与学校的教育责任有关系。校长或辅导员可以发起此类活动，并将其作为学生学习记录的一部分。

学校师生共同参与的活动比任何其他事情都更能激发学校的正能量。在学校活动中，学生会观察学校的工作人员，对他们产生浓厚的兴趣。愿意付出额外努力的工作人员会得到学生的赞赏，愿意放弃权威形象的校长对他们来说就是整个世界。所有这一切使学校的工作人员对学生更人性化，并对创建积极、共享的学校社区有重要作用。

解决学校里的问题通常也是基于校长与学生之间的关系。学生不担心受罚时，他们才敢于提出自己认为困难和迫切的问题。特别是在当地学校，学生可以充当“义务的门卫”，因为他们在空闲时间也在学校附近活动，他们可以使用学校的体育馆培养业余爱好。如果不是为了他们自己，他们所看到和听到的不会被学校工作人员知晓。一名熟练的专业人员知道如何利用孩子的诚实和分享的意愿，而不会让他们感到，这样做是被要求或者被迫去让某些人失望的。

在我们学校，我们这样做

学校的运营文化是学校社区对其行动方式、行动路线和行动规则所做的共同决策。这些规则不是由校长和教师决定的，也应该包括学生、家长和当地社区的参与。运营文化使学校能够组织日常工作，始终以学生为中心。一所学校的运营文化就像是由共享的规则和程序经年累月编织而成的一块布，并经由一届届学生得以不断发展。它包含了学校的庆祝活动、活动和项目，传承着学校的传统，也展示着学校的革新。

在维持和发展学生在学校运营文化中的角色方面，校长起着重要作用。从学生幸福的角度来看，学校的运营文化为学生的健康成长奠定了基础，使学校生活成为学生生命中更加积极的体验。允许学生塑造可以反映他们自己的学校，就为所有的学校工作搭建了良好的基础。事实上，在学校有良好体验是学生学习动机的重要因素之一。

校长必须创设一些机制，让学生积极参与学校运营文化的创建。首先，校规可以一起制定，这也会让学生更愿意遵守。学生的健康，如健康的饮食习惯或课间运动，也可以由学校教职工与学生协商决定。必须给学生足够的空间和时间自己去做计划，并且应该让他们了解正在进行的、对他们的学校生活有影响的项目。这些都是确保师生主动参与和真正互动的方法。

学校节庆活动的传统整合了其运营文化的核心特征。学校节庆活动的本质以及学生和工作人员参与的程度，表明他们在多大程度上支持学校的运营文化。学校里各种各样的节庆活动以及鼓舞人心的氛围，是一个最显著的信号——对新事物秉持开放和勇敢的态度。另一方面，不同的社交环境有助于学生学习内部和外部的不同密码，如严肃和有趣的环境，或自由和正式的环境。

不要走开

为学生的福利服务已经从学校社区的禁忌变成了芬兰学校系统的重要资产，这一事实说明芬兰学校是其教育成功的重要部分。同时，它也展示了学校工作人员在工作中所采取的专业和健全的方法。虽然在为学生福利服务方面，校长和教师也没有经过专业培训，学校生活的这一部分仍具有强烈的经验性特点，最核心的目标是找到所需的支持措施，使每个学生的教育成为可能。

比较不同学段的校长工作，学生福利案例及其中的各种变量，显然是一名基础教育阶段校长每天要处理的工作任务。在高中阶段，这类案件出现的频率是每日或每周。儿童与青少年阶段，学生学习和生活中遇到的问题会有所不同，但共同点是这些问题会严重损害学生的发展和学业。通常处于问题中心的家庭的作用也非常不同。在基础教育阶段，家庭是必要的陪伴，而青少年有时完全失去了其童年的支持网络，需要独自或在同龄人的帮助下解决问题。

学校工作人员在学生福利方面负有法律责任和义务。然而，比这些法律义务更重要的是每个教育专业人士的道德指南，它使保障学生的利益最大化成为每所学校最重要的目标。教育专业人士应该在日常工作中运用强烈的同理心和同情心，以实际和创新的方式解决学生面对的多种问题。棘手的学生案例中那些清晰、一致的解决方案确立了学校的道德路线——真正地关心他人的福利还是忽视问题，都是工作社区可能采取的运营模式。

学生跨学科小组及福利小组是校长处理学生福利工作的主要工具。福利小组制订学校的学生福利计划，并预测不同形式的支持需求。学生跨学科小组的组成取决于学校的形式和教育提供者的财政资源。在基础教育和普通高中教育中,校长通常负责学生福利方案的实施与授权,即使出于特殊原因,他不是福利小组的负责人。

关于需要为学生福利服务单独立法的讨论在芬兰持续了很长时间。最初,学生福利是《基础教育法案》和《普通高中教育法案》的一部分,但学生福利案件的不断增加,给制定专属的法律带来了压力。

新法律于 2014 年 8 月 1 日生效,基本上官方地为所有教育提供者提供了该领域普遍使用的好方法。与此同时,新法律显著改变了校长在学生福利中的地位:作为决策者,他们不再主动参与个别学生案例的解决。新法律还要求整个学校社区共同解决他们在日常学校生活中所观察到的学生福利问题。换句话说,这使得学生福利成为整个学校社区的责任,尽管针对个别学生福利的操作计划由学生跨学科小组制订。两个更重要的变化是,没有学生及其监护人的同意,学生的问题无法得到解决,这些问题的处理现在会以书面的形式记录下来。简言之,新法律带来了额外的工作,但也创造了发展整个社区的办法。

从学校的角度来看,新法律未能充分开放学校与社会、卫生服务部门之间讨论和信息交流的渠道。如果有什么不同的话,那就是法律似乎增加了人们对程序和不同专业责任分工的困惑,特别是各种保密法规,大大增加了学校、社会和卫生服务机构之间合作的负担。追求学生的利益最大化需要公开交换信息。不幸的是,新法律的解释表明学校把握学生问题的能力被显著削弱,教育专业人士帮助学生所需的关键信息储藏在官僚机构中,往往可望而不可及。

学校的福利计划有助于组织学生的福利工作。福利计划包括处理学生福利个案的各项程序。福利计划就像学校的内部路线图,其目的是预见和防止学生问题的积累,并搭建服务于全学校社区福利的整体架构。

福利计划也包括当前的评估程序。进入21世纪以来,芬兰国家福利卫生研究发展中心和国家卫生福利研究所先后开展了学校健康促进研究,研究成果对建立学校的福利政策起到了重要作用。学校也可以评估自身的运营,关注健康和福利主题。例如,通过不同的主题日,学校对某些健康和福利主题提供更深入的了解。

学生福利工作可以从许多方面开始。它可以源于不同学校的指导顾问或卫生保健官员之间的信息交流。有时,学生家长如果担心孩子的发展或学校的能力,也会挺身而出。从校长的角度来看,校长创造出一种可以讨论“对学生的担忧”的工作文化至关重要。此外,教师应该有专业的能力来落实学生福利程序的初始阶段,以及开启与学生及其家庭的对话。

学生跨学科小组常常就学生个案开会。通常,他们的工作围绕着极端的学生案例展开。然而,在发展学生福利服务方面,最重要的是,学生跨学科小组与学校福利小组之间保持持续的对话。

校长在学生福利服务方面扮演多重角色。他们做决定并负责执行学生福利规程。校长也负责学生福利报告,与学校福利官员、心理学家或指导顾问一起决定谁可以获得这些信息。无论是缓慢而艰巨的三阶段基础教育支持模式[①],还是高中教育中的跨学科合作模式,校长总是对学生福利做终极决策,也为之承担道德和法律责任。这一责任是道义上的,因为所做的决定应是公正的,并可与以前所做的其他类似决定相比较。它同时具有法律约束力,因为在得出任何结论之前,所有各方都必须有机会被听取意见,所做的决定还必须符合当前的学校法律规范。

在棘手的学生福利案件中,学生家庭往往给学校工作人员造成巨大的工作量和精神压力。学生对其学习中所遇到的困难和可能性有非常不同的看法,这种情况下,整个学生福利团队必须无缝运作。一方面,必须为家庭提供适当的机会表达他们的想法,但另一方面,学生福利小组也必须意识到学校运营条件的局限。校长有责任向学生家长明确这些局限。这既保护了学校社区的工作安全,也保护了学校社区的工作能力。

另一个极具挑战性的学生福利案例是,破坏性行为有可能演变成暴力行为。校长负责维护学校环境的安全,因此预测和识别学生的生活状况是否达到危机点也是校长的工作。一旦出现这种情况,校长会有特定的解决方法。例如,如果有足够的资金,可以为有问题的学生安排一名私人助理,在危机转变为公开冲突之前化解掉。更重要的是,学生的学校环境可以被约束,新的学校安全法也允许学校工作人员搜查学生的物品,没

① 指一般支持、强化支持和特殊支持3种模式。

收其中可能有害的物品。学校工作人员也可以使用武力,这认为是正当的,可以约束暴力学生。

学生福利工作包括学生和校长之间大量的私人谈话。许多讨论是为了寻找解决日常问题的方法,一部分讨论围绕破坏性行为和相应的惩罚,但是其中大部分是真正的对话,因为学生渴望成为一个负责任的成年人。校长可以是学生生活中所欠缺的一个成年人和权威,因此,这种接触在学生的生活中可能非常有意义。即使是与最难相处的学生进行真正的思想交流,对校长的专业自我认知也是非常有益的。事实上,一个人职业生涯中最伟大的胜利和最珍贵的记忆都是在这样的讨论之后产生的。然而,这项工作同样也有最暗淡的时刻,就是对孩子们的人生没能帮上更多的那种感觉。

把棍子束之高阁

在芬兰,关于学校安全的讨论正在进行中,新的学校安全法于 2014 年 1 月 1 日生效。看看这部新法律将如何被解释,律师们将会处理什么样的判例,非常有趣。

学校需要工具来保障安全和平的工作环境。校长尤其需要简单、实用的工具,因为他们要负责维持秩序,解决不当行为,并承担这些不当行为的后果。越来越多的人要求加强学校纪律,这反映出人们越来越希望将教育孩子的责任更多地转移给学校,也反映出人们认为许多传统上在家里习得的基本技能现在应该在学校里教授。

然而,如果我们设想,通过制定新的纪律和法规,我们可以建一所新的芬兰学校,让它散发出幸福的气息,那么这仅仅是一种"让社会时钟倒转"的尝试。学校需要的是一种完全不同的改变,绝非更严明的规则。这个"和洗澡水一起被倒掉的婴儿",也是芬兰教育中含金量最高的部分——师生之间的直接互动。学校工作人员会觉得检查学生的个人物品很奇怪。更重要的是,对儿童或青少年使用暴力不仅是绝望的表现,同样也是满盘皆输的信号。

在芬兰的许多学校里,学生和教师基于他们对"好行为"的共识共同制定校规。虽然校长和学校的教职员工作为成年人,在制定这套共有的规则时起核心作用,但是让学生和家长参与到制定规则的过程中很重要。通过这种方式,所有相关方会自动更加坚定地遵守这些规则。同样重要的是,要确保教师遵守这些共同的规则。如果学校里的成人社群不遵守校规或无视违反校规的行为,那么作为唯一的校规执行者,校长的责任就太大了。毕竟,校长不可能无处不在,教师必须承担起他们作为校规维护者的责任。

规则的存在是为了创造安全健康的学习环境。这一点在学校课程中尤其重要,但随着信息社会的发展,这一点已经彻底变了。规则也是学校所教授的社会规范的一部分。掌握这些社会规范是一种生活技能，对一个人的工作生活至关重要。立法还规定了学校的义务，并体现在学校规章中。例如，在学校操场上禁止吸烟的规定，或者从更广的角度来看禁止使用麻醉药品的规定，这是所有中学或高中校规的一部分。

在日常工作中，校长需要经常处理违反校规的问题。在这种情况下，他们必须听取学生的意见，并紧跟着采取可能的纪律手段。这类不当行为通常是：破坏学校或同学的财产，伤害他人的心理或身体健康，有时是对别人的学业造成不良影响。在某些情况下，严重的不当行为需要其他部门的参与，如警方。不过，在需要警方介入时，校长应审慎考虑。如果过于草率地“采取严厉的行动”，那么当事情真的变得棘手时，就没有什么工具可用了。因此，详细标记出学校工作人员处理学校纪律的能力很重要，只有处理的问题明确属于学校管辖范围之外时，才能将纪律的责任从学校手中转移出去。

在解决校园内破坏公物的事件中，教师和学生起核心作用。和孩子一起工作时，总有人看到或听到一些至关重要的事情。但这些事情学生不会讲出来，除非他们和学校的成年人之间存在信任关系。换句话说，校长应该是公认的价值领袖，在孩子们的眼中他说了算，这会使分享重要信息成为一种积极的义务，他们不会感到威胁或压力。

说到学生的身心健康，校长必须仔细考虑学生的反应。从随意的扭打到持续的欺凌和虐待,我们必须非常小心地解释。虽然学校会对此类事件进行初步调查,但严重的事件必须有警方介入。如果学校拥有指定的合作警官,在需要警方的情况下,学校社区更容易向其求助。

学校应该有可操作的指南使教师能够处理课堂上出现的问题。只有涉及严重的考试作弊或剽窃事件时,特别是影响到学生的成绩或需要采取其他严厉措施时,才由校长听取学生的意见,做出最终决定。最严重的情况是,学生在大学入学考试中因作弊将被取消录取资格。在这种情况下,调查和决策自然会落在相关高中的校长身上。

学校是无酒精的工作场所,禁止吸烟的法律也在很多方面挑战着学校。学校里不允许吸烟,我们可以很容易地通过信息技术监控校园来执行这项规定。发生在校外的吸烟就完全不同。对学生执行全面禁烟的规定几乎是不可能的,尤其是在一些学生已成年的高中。学校工作人员的最佳办法是以身作则,未成年的学生仍然必须受到谨慎的监督,不仅仅因为法律义务。

创造和内化共同的规则是良好的学校日常生活中最重要的一部分。不要设定太多的规则,确保规则不全是禁止性的。每年与学生和教师一起修订规则,对任何校长来说都是很好的经验法则。制定学校里的成年人不会遵守或执行的规定是毫无意义的,因此,在确定哪些内容必须写入规则和制裁之前,校长一定要三思。

一名门卫

校长的工作是搭建网络。在搭建网络之前，重要的是考虑如何利用这些新关系为学生的发展服务。你也可以从别人的角度看问题，明白学生允许你发现他们的技能和潜力，并评估他们实施不同项目的可能性。如果缺乏坚实的教育学基础、教育领导与管理方面的培训，就很难评估学校应该发展哪些有潜力的项目。寻找多种途径去使用学生的技能是学校运营文化中最突出和最积极的信号之一。在学习、学校的节庆和活动中，那些努力去创建“以学生为中心”的师生，校长应该支持他们，或者至少将支持他们作为目标。国家核心课程，更具体地说是积极公民的跨学科主题课程，引导学校社区朝着这个方向前进，并使学校与外部合作者之间能够开展各种类型的合作。

在让学生积极参与国际事务方面，校长也起到重要作用。他们可以是所有国际事务的倡导者，目的是为他们的学校社区引入真正的国际视角，或者他们也可以在工作中阻止所有此类活动。时不时地评价自己的工作很重要，有必要思考你的行动在多大程度上有助于促进新的学习方法和学习者的参与。如果评价的结果是“完全没有”，校长就应该思考这个问题，并去寻找新的灵感火花，以成为一名教学领导者。校长工作的最大成功之一是，意识到一种积极的、令人备受鼓舞的运营文化可以持续创造出创新举措,改进学习、创造令人满意的学校环境。

对学生和教师的支持

有时教师和学生会发现他们陷入了双方无法解决的冲突。这可能是学生的课堂行为不当、迟到和缺席、考试作弊或其他不当的行为,也可能是学生评估存在问题,例如,教师轻视了学生的能力,有时学生对教师做出不合适的举动或妨碍教师的工作,等等。正如我之前提到的,学校应该有一种运营文化。在这种文化中,教师可以用自主和自我修正的方式处理这些情况。然而,校长经常被卷入这些情况越来越常见的原因是学生家长。

学校应告知学生,校长有责任为他们提供符合课程要求的高质量教学、公平的学生评估以及全面促进他们学习的环境。如果学生觉得某位教师的行为不专业,那么校长就是主要的负责人。如果学生也认为校长在这件事上拥有最高权力将是有益的,这意味着他解决这个问题时无须再向更高层级的教育系统上诉,更不用说法律系统了。

校长处理投诉时必须客观。为了保证有适当的材料保护教师和学生的合法地位,校长应该要求口头的投诉也提交一份书面材料。同样,教师应该被倾听,校长应该避免仓促下结论。在这种冲突的情况下,教师有时很难接受其管理者的角色。然而,校长并不是教师的律师,而是对教师工作的有效性负责的人，他唯一的责任就是确保学生的学习和学校范围内的全体成员都得到平等的对待。

在听取了所有当事人的陈述并尽可能彻底地调查之后，校长必须做出书面裁决，并提请所有当事人注意。书面裁决促使进一步处理成为可能，并且从法律的角度对各方当事人都具有重要意义。裁决必须包括争议的主题和达成的决定，在学校这样有着复杂人际网络的社区里，围绕着要处理的冲突会产生许多关系并发症，这些事项要严格地排除在处理冲突的正式程序之外。

教师成为欺凌或其他破坏行为的对象时，这不仅是违反校规的问题，也是职业安全和健康问题，学校必须为教师提供能够充分履行其专业职责的工作环境。这也关系其他学生的学习权利。在这种情况下，其他学生学习的权利往往会受到严重的危害。处理的基本方法与处理学生投诉类似，校长应听取有关各方的意见，初始目标必须是在学校内部找到解决问题的办法。

以学生为中心意味着什么？

芬兰的学校文化通常被认为是以学生为中心的，这可能是真的。但是，可以说以学生为中心的概念被分解成做同一件事的不同方法。同样，也可以说并不是所有的学校都是以学生为中心的,有些是以遵守规则为中心。

真正以学生为中心,意味着学校必须倾听并允许学生在批判性反馈和积极行动中发出自己的声音。以学生为中心的方法也必须体现在学校的发展中,在提供反馈时,这不会降低学生参与学校运营的意愿。

校长亲自参与为以学生为中心的运营文化创造了可能性,特别是作为创新推动者,校长的角色至关重要。例如,当外部压力影响了学校的整体氛围时,校长必须能够告诉员工,他们工作的主要目的是什么。这样做的目的并非要建立纪律严明的社区,而是要从尊重和公平对待所有学生开始,让他们学习并发现自身的潜力。

换句话说,以学生为中心的学校文化以学生和他们的学习为中心,其目的是提供学习的空间和可能性。为了做到这一点,教师必须要求学生尊重这一空间。因此,以学生为中心的方法并非与遵守纪律相违背,而是在所有参与学习过程的人(包括成年人和儿童)之间达成相互尊重的多方协议。

TOP CLASS

Finnish school leadership and management

校长的多副面孔

芬兰学校的管理结构非常扁平化。基本上,学校的领导与管理由三个主体共享:校长、副校长和学校秘书。

芬兰的校长通常同时担任教师。校长的工作描述中包括教学职责,这也与学校规模密切相关。虽然教学和学校的教学领导可以视作是交织在一起的,但学校的领导和管理与教学十分不同,后者实际上会让前者的职责缩减。许多教育者已经通过主动减少或取消校长的教学责任,明智地解决了这个问题。

今天,我们已经了解扁平化组织存在的典型挑战,校长任职资格培训就是为了满足学校领导和管理的新需求。这项改革最重要的部分是在学校里建立真正的共享领导力的架构,使管理资源能够得到合理的、目标明确的使用。

芬兰的教师教育项目为教师提供了工具以及面对面交流的技能,但较少关注学校中的管理、财务和法律方面的内容。这种教师的交际风格也明显体现在校长的工作描述中。芬兰校长的"工具包"里有多种领导技能,他们的工作常常被认为与管理多种社交和开发智力资本最相关。更实际的学校管理工作被认为是学校其他领导的工作内容,而非校长的。实际管理(practical management),或所谓的"硬领导"(hard leadership)并不适合学校,这意味着校长要更关注"软"的价值观。

但是,社会变迁加速了实际管理在校长工作中的发展,使其成为校长工作中越来越核心的部分。教育提供者的服务减少,以及与此同时发生的经济衰退,都将管理责任推到了学校领导和管理的核心位置。这一挑战是巨大的,因为几乎没有校长在他们的基本训练中获得足够的经济或合同法方面的能力。由于来自教育提供者的支持持续减少,校长在决策方面承担的个人责任愈来愈多。

幸运的是,芬兰的校长教育对学校领导和管理方向的转变做出了反应,并努力为新任校长创造更全面的工作描述,其中也包括工作中"较困难"的方面,让他们认识到有效使用资金和其他资源对优秀的教学领导力的影响。过多的资源并不一定会提高教与学的质量,这一观点在教育的普遍讨论中,以及在教育政策部门的一些专业讨论中似乎都存在问题。

现实中,社会的发展要求已经基本现代化的芬兰学校必须能够以一种全新的方式思考。这既指教学内容的变化,也指学校网络的变化。我们可能还没有看到所谓的财务管理的最后阶段。如果只是继续微调我们的运营而不做出重大改变,我们可能不得不面对运营的逐渐失效,以及最终退出。因此,校长们即使是在财政压力下,也必须思考一个问题来强调教学的领导作用:我们如何在不降低教学质量的情况下,真正做到与众不同?

教学第一

校长工作中最重要的部分就是在教学上领导学校。这种领导力的先决条件是工作中最重要的目标。它体现在许多方面：全国性的课时分配、国家核心课程、地方课程、法律、国家和地方的教育科研发展规划，最后是教育者的战略规划。这些目标通过学校的年度运营计划得以实现。

校长负责教学的提供和组织。招募人员、规划他们的工作并促进他们的专业发展是组织教学的重要部分。在这方面，芬兰校长的作用与国际上关于学校领导和管理的普遍观念大不相同。校长有机会自主招聘教师，为学校发展独一无二的运营文化创造了良好的条件。芬兰的学校生活丰富、多元，这种差异性来自两个方面：一方面，学校社区设定和内化了共同目标；另一方面，学校有机会选择那些不仅合格而且适合特定学校社区的员工。

芬兰校长既是雇主代表，也是教师代表。芬兰的学校社区是自主的经营者。虽然学校受到国家指导和教育者分配的责任的指导，但学校工作人员可以自己决定如何实现这些目标。因此，作为雇主和雇员之间的监察官，校长的立场很有挑战性。而且校长和教师同属一个工会，又进一步强化了这一点。这可以称得上是一种独特的芬兰结构。

教学领导中最关键的工具是课程。国家核心课程为学校提供了共同的教学框架和内容。在教育提供者层面，本质上，学校必须关注地方课程的实施和发展。校长负责使学校按照课程组织教学。芬兰模式真实的情况是，课程实施和地方课程的发展都与教师的专业能力和学校社区发展的愿望密切相关。整个学校社区花大力气开发地方课程和学校特色课程,使得教师有机会选择教学内容和教授这些内容的方法。

芬兰教师的素质很高,教师与校长之间的合作建立在信任的基础之上。学校里的员工都有相同的教育背景,从事教学工作的人几乎无一例外都曾是学习成绩优异的年轻人。教师为芬兰教育体系奠定了坚实的基础,并赋予教师参与学校发展的多种途径。校长有机会利用教师不同的技能和知识来发展学校的教学。这种信任的文化体现为教师的工作很少受到监督,信任教师的专业精神不证自明。听课或者教师和校长之间的教学讨论均是基于推进学校发展的理念或观察教学的变化。

优秀的领导和管理不是"官僚主义"

芬兰教师既是杰出的教学专家,也是普通的行政人员,其中一部分与新教师培育有关。教师工作的重点是教与学,因此,教师有时并不会意识到自己也是具有官方权威的市政公务员。由于大部分校长的教学背景,有必要让他们明白,学校领导和管理的意义不是官僚主义,而是一种能力,这种能力指导其在法律框架内工作,并决定其专业决策的法律边界。

校长的专业决策可以分成两类:涉及学生的决定、涉及教师的决定。例如,校长接收新生入学,并签署学生毕业或离校的正式文件。此外,校长决定是否让某位学生接受特殊教育,或者学生的某些学习与班上其他学生的学习有所不同。纪律处分也是校长领导职责的一部分。

确保学习环境的安全已经成为学校领导和管理的重要组成部分。从手工教室的安全设备到课间监控，校长的责任覆盖整所学校和学生在校的每一天。这种责任的全面性曾在芬兰引发了一场激烈的讨论：校长法律责任的边界是什么？承担这种责任是否可能？在许多法律案件中，我们正在评估这种责任的界限，也在讨论校长真正可以对工作社区（如学校）中发生的所有行为承担责任的可能性。

芬兰校长拥有很大的权力来管理他们的工作社区。他们可以招聘教师，尽管在许多城市，官方决定由政府的教育委员会来做这项工作，然而校长仍然是实际做决定的人。校长的管理工作还包括教师的专业发展、在职培训、休假以及监督和执行纪律处分。这些管理责任大多都列在教育部门编写的规程中，这些规程规定了地方层面官员的责任。

学校使用官方权威最明显的表现是学生评估。教师负责实施学生评估，校长则负责监督评估的公平和公正性。学生评估的依据写在课程中，但教师独立选择方法来实施评估。国家核心课程要求教师告知学生评估方法和标准，在必要时也需要告知家长。评估的依据需要调整或不同教师的评估有非常大的差异时，校长需要介入。良好的领导和管理包括了听取所有相关方的意见。校长必须确保能听取各方的意见，而且他们全都接受听证记录文件，尤其是处理纪律问题时。

学校的全新路线图

在芬兰,学校运营和教育管理是人们非常感兴趣的焦点。人们对教育政策变化的热情之高很罕见,这无疑对芬兰学校是有益的。教育与文化部部长的角色受到追捧,关于教育的全国大辩论提升了全国学校的意义和价值。这些讨论需要学校承担大量额外的责任,一部分原因是大家对教师能力的自信,另一部分原因是对学校生活实际的理解不够。不管怎样,一天中的每个小时无疑都可以用学校的科目填满。

虽然芬兰的学校是独立单位,有自己的愿景、目标和运营模式,但它们也有外部方向。大多数芬兰教育者都有自己的策略,学校也是这样。而且,教育者背后的机构——市政当局、市政联合会、政府或私立机构都有自己的战略。此外,国家核心课程也为学校设定了目标。校长必须彻底了解这一切,并在制定学校目标时充分考虑。

过去几年,围绕芬兰教育管理开启了许多讨论,如芬兰是否形成了统一的教育愿景和战略。但是,自 20 世纪 90 年代以来,教育管理并没有改变。课时分配、国家核心课程以及教育科研发展计划仍然按照旧的、公认的模式进行。在教育管理领域,许多有威望的人都在呼吁为芬兰学校建立新的、更有勇气的愿景。

芬兰需要长期的教育规划和战略目标来标示其前行之路。以“学习中的公民义务"的意义为例,20 世纪 90 年代末,芬兰是新技术的先驱,但未能将其纳入国家教育战略。结果是,在学校和机构之间有一些创新项目,但它们服务的对象范围非常窄,或者只服务于学校的某个部门。20 年后的今天,我们清醒地认识到,许多国家在这方面超过了我们,同时成功地实现了教育现代化,更好地适应了 21 世纪的要求。

虽然战略很少出现在学校的日常生活中,但战略管理仍然会对学校工作产生长期的影响。校长的日常工作通常是现状管理,但通过深思熟虑确定学校目标并公之于众至关重要。它为学校领导和管理提供某些必要的视角,也有助于决策的一致性。

对学校的剖析很重要,学校社区可以影响战略的选择和强化。前文已提到指导学校战略工作的外部框架,但在地方和学校特有的解释方面仍然留有很大空间。校长作为自己学校社区的优势和发展方面的专家,很容易就能提出实现更成功的学校和更好的学生福利的目标和方法。

但是,我们应一起讨论学校社区关注什么更加合适。对于一些学校来说,国际化可能是指导教学内容和教学方法最重要的决定因素。在另一些学校,重点可能是结合孩子童年和青春期的成长烦恼,为学生提供通识教育。这与学校情况有关,但这并不意味着学校之间的竞争。另一方面,学校、校长间的合作,可以让我们不需要一步步摸索战略,而是直接从已被证明有效的模式中学习。

校长负责一切

校长负责学校的所有运营工作。很少有其他工作包含这样无边无界的责任，难怪校长们自己也想知道，一个人究竟如何才能承担这样的责任。学校是成百上千人工作和学习的地方。在这里，成千上万的活动和事情会发生。尽管许多危险因素是可以预防或完全消除的，但生活充满了意外，有些情况即使是最严密的计划也无法避免。所有这些都是校长们的日常生活，也是这份工作的美妙与负担所在。

芬兰教育法为校长的工作提供了一些定义。首先，芬兰的《基础教育法》和《普通高中学校法》规定，每所学校必须有一位负责管理学校的校长，这可以解释为校长对学校的所有运营负最终责任。这项法律特别具有挑战性，因为许多与学校社区运营有关的事情已经在其他法律中做了规定，这些法律的内容和解释是每个校长都应该非常清楚的。这是很高的要求，因此，校长可以从雇主和教育工会得到法律援助。

新法律允许学校工作人员没收威胁学校环境安全的学生物品，他们现在也有权使用足够的武力。这些改变试图增加学校的权威，但最终却形成了一套与芬兰学校寻求对话、和解的传统背道而驰的指令。

芬兰《基础教育法》第36条第二款规定，学生可以被勒令离校，该决定由教师或校长做出。同一条的第三款是关于禁止学生参加教育的，但这个决定只能由校长做出。

另外,涉及大学入学考试的法律,使校长成为整个考试的执行者。这是法律上的现实,尽管组织考试涉及的许多具体事宜都委派给了学校的相关工作人员。对大学入学考试委员会来说,情况非常实际和清晰:每所学校只有一名与委员会正式合作的人员,他负责入学考试相关的工作,其中既包括与大学入学考试委员会的沟通,也包括学生方面的工作。

校长所肩负的另一种责任涉及各行各业和特定领域的法律,这绝对是这份工作的特点。校长不可能去法律条文中核查每一个细节,快节奏的工作和不可预测性不允许他这样做。这份工作所带来的责任也体现在校长的应聘人数上。尽管校长是学校能提供的最有趣的职务之一,但所涉及的责任范围之广,吓跑了许多潜在的候选人。

金钱推动

近年来,财务管理技能已成为校长专业能力中最重要的部分之一。由于教育提供者的财务状况不佳,所有校长都不得不提升自己的财务技能,并越来越关注学校的收入和开支状况。更大规模的财务管理决策在一定程度上鼓励了这种转变。各学校已获得明确的预算框架,在预算内支付组织教育的费用和所有其他费用。因此,一方面,学校在财务方面获得了更多的责任和权力,但另一方面,校长需要花大量工作时间为学校采购外部服务。

尽管几乎没有校长接受过学校财务管理方面的正式培训,但这项工作本身就教会他们一些管理学校财务的前提条件。目前,芬兰学校的资金由政府划拨,这意味着教育提供者按学生人数划拨经费。除了这笔资金,市政当局还可以使用自己的资金来维持学校的运转。换句话说,教育服务受到教育提供者的财政状况和对教育重视程度的影响。如果这两方面稳定而有力,那么学校的工作就具备了良好的起点。

财务管理在校长工作中的角色不应过分神秘。金融和相关的术语非常复杂,但艰涩的新术语往往难掩简单的事实。你不能入不敷出,如果入不敷出,就会影响学校的运转。因此,明智的做法是想清楚在学校里使用什么样的财务辞令。谈论简单的财务现实,掩盖财务术语背后的信息,哪种更有意义?在学校这样的专业团体中,使用精确的术语是合情合理的,但你还应该记住,教育提供者的财务挑战对于家长或学校工作人员来说,并不需要非常具体。因此,校长还应该不时地讨论影响其在教学和学校的其他运营方面决策的现实情况。

芬兰学校的大部分预算都用在了教师工资上。实际上,教学支出留给其他财务管理的空间很小。由于许多教育提供者会支付学校的租金、学校午餐、清洁和其他维护服务费用,或者把它们外包,校长实际上无法控制这些费用。在一些学校,校长有机会提供一些对外服务,通过良好的交易,获得更多的财务杠杆。

由于教学是学校最大的开支，当财政状况变得困难时，它自然也是削减预算的主要方面。如果模糊的教学领导力概念此前对校长来说尚不明确，那么削减教学预算时肯定会明了。在这种情况下，他必须考虑很多事情：如何在不做出重大妥协的情况下保证学习？如何确保有足够的工作给那些有编制的教师？如何用有限的资金来发展学校？该优先考虑什么，牺牲什么？如何与内部和外部沟通校长所做的艰难决定？

在学校的财务管理中，透明度既明智又实用。在教学不得不削减的时候，这一点会变得更加重要。当校长们被迫减少课时，并因此减少教师工资时，公正和对教育政策的良好愿景可能是最好的支持。像学校这样成熟的组织一旦资源减少，校长和教育提供者必须为令人不快的财务决策承担责任。

学校预算和对财务状况的持续关注是财务管理的核心概念。许多市政当局和市政当局联合会赋予了校长制订预算的权力，但这份权力其实有点名不符实，因为按照一份既定的年度预算框架去制订预算只能是相关的任务。如果提议的预算恰恰是削减的目标时，投入其中的工作多少会让人感觉浪费了时间。换句话说，如果教育提供者提出明确的资源框架，那么让专业人员制订不同的预算是毫无意义的。

由于年度预算是按自然年编制的，但学年是由两个自然年的各一半组成，这就造成了一些困难。校长首先需要监控学校预算，其次还需要削减学校预算。涉及缩减教学资源时，这个问题尤其突出。如果预算只检查一个学期的课程,对教师和学生来说都很有挑战;如果预算削减既影响到正在进行的教学,又影响到计划中的教学,那么缩减后者是非常艰难的过程。校长必须仔细考虑预算削减的后果,因为它们对教师工资的影响可能会十分显著。

重建教师工资体系将有助于学校的财政和运营规划。在芬兰,教师的工资根据他们的教学职责和单独定价的额外工作时间来定,这就使得校长很难制订学校财务和运营的长期计划。总的工作时间和以此为基础的固定工资,将使一种新型的资源分配和运营工作成为可能。

为学校采购物品和服务、培养教职工,是校长的教学领导和管理职责。他们的财务决策可以,实际上也应该指导学校的教学发展。例如,与信息社会相关的采购所涉及的费用高昂,因此它们需要按整个学校预算的优先级排序。员工培训也是如此。如果员工培训的方法是真正有效的,那么它应该把重点放在提高教职工在学校战略重点相关的能力上,而不是他们个人感兴趣的课程上。

国家和地方的财政监督应更加兼容。芬兰是“千湖之国”,还有数百种不同类型的在线金融和运营管理系统,它们几乎都在发挥着作用。由于某种原因,我们尚不清楚共享数据库和国家控制系统的益处有多大。教育提供者可以从精选出的一些信息系统中再选择一些比其他更高效的,但就应用而言,所有这些系统都大同小异,因为它们在实际的学校生活中运用得并不好。获取信息比处理信息需要做更多的工作时,我们就可以理解,为什么实际的财务规划仍然是基于感性而非理性了。

然而,学校财务信息的公开披露非常必要。具体来说,涉及预算削减时,校长应该告知教职工和家长,与其他学校或全国总体情况相比,紧缩措施如何影响自己的学校。如果这些信息是零散、不一致的,就不可能进行真正的比较,甚至可能让人怀疑公平性。

芬兰目前正在改革政府划拨制度,这是在相当具有挑战性的金融环境下发生的。其目标是,某些教育部门可以放弃基于学生人数的资助,而增加基于质量、毕业或深造情况的资助。但至少可以说,这是一项挑战,因为芬兰目前缺乏一种教育政策的愿景,能让这些新的金融模式在逻辑上与之关联。这更像是我们试图同时做所有事情,其结果可能是改革无法以最好的方式为芬兰学校服务。

建筑师与维护工人

芬兰的学校建筑对学校的教学运营至关重要。因此,学校社区共同思考学校的运营文化和需求很重要。首先,学校应该适应不同的需求和财务现状。其次,学校应该是开放的社区,而且从物理上讲要安全。最后同样重要的是,学校应该为儿童和成年人提供安全的工作环境。这三个要求齐头并进,但它们也相互挑战——例如,打造安全而开放的学校环境有时有挑战性。

如今,芬兰的学校建筑是学生、教师和建筑师成功合作创造和实现共同愿景的典范。芬兰有很多关于学校规划的专门知识和技术。事实上,许多教师和校长已成为这一领域的专业人士。如果你随机访问一些芬兰校长是否正在建造或翻新校舍,你会发现超过一半的回答是肯定的。

过去的20年里,学校建筑也成了问题根源。提供健康和安全的学校环境是国家最艰巨的挑战之一,因为这个国家的学校建筑情况正在慢慢恶化,那些在其中工作的人遭受着空气中的杂质所引发的各种疾病。教职工或学生在上学期间感觉自己的健康状况变差时,校长最难的工作之一就开始了。在这种情况下,校长的处境非常两难,是代表雇主还是代表学校社区?

提前预测学校建筑是否对健康有害是有用的,因为几乎每一位校长在其职业生涯的某个时刻都有可能面临这个问题。此外,越来越多的情况下,不仅是教师、学生或家长提出这些要求,媒体也对危险的校舍越来越感兴趣。社交媒体也有可能为记者提供有趣的新闻,这意味着这些问题终将被公之于众。因此,校长必须明白,准备及发表有关校舍及学校运营的声明是其工作的一部分。

因此,校长需对学校建筑的情况和维护提前预测。虽然学校是成年人工作的地方,但学校的维护责任通常落在校长的身上。更重要的是,教师认为这些问题会有专门负责学校管理的人做好。多年来随着学校社区的内部分工不断变化,普通教师不再认为自己是活跃的、负责任的工作环境的管理者。这项工作已外包给了许多服务供应商。

每所芬兰学校都有日常的安全检查，以确保放学后学校环境处于良好的状态。检查中发现的可能的故障和维护问题将被记录下来。

解决校舍的问题需要耐心和权威。通常学校没有专门的装修预算，所以第一步就是要说服校舍的所有者，让他们相信有必要花这笔钱。这可能是一项挑战，尤其是需要解决的问题虽然必要，但与学生的安全没有直接关系时。如果资金到位了，接下来校长必须制订一份整修计划，并考虑它对学校工作可能造成的影响。

校长必须了解校舍的所有翻新工程，即使是小型的翻新工程，也需要在可能的情况下监督工程的进度，因为看起来很小的维修工作，也会影响学校的工作，甚至造成危险。常常也需要即时评估维修工作对学校日常运作的影响，校长是唯一有立场代表整个学校社区来做这件事的人。

修建或彻底翻修一所学校是一项耗时数年的大工程，也是创造新的学校文化和学校社区的好机会，所以它应该让全体师生都真正参与进来。尽管可以授权给学校的教职工，以寻求他们的支持，通常还是由校长来执行学校特定的建设计划。

在第一阶段，校长必须制订一份项目规划。这份规划应该尽可能详细地描述学校的运营，并反映学校的文化和教学方向。校长监督规划过程并确保即使是构想中的想法和讨论，也在项目规划中得到清晰的描述，同时财务上也是合理的。此外，校长必须在教师的意愿和教育提供者的财政框架之间寻求折中方案。总之,学校社区应该看到大范围的运营图景,他们的学校要尽力描述清楚。

项目规划完成后,下一步是具体的空间规划,这可以说是校长与施工方之间的一场永无休止的“战斗”。建筑师愿意也有能力根据你的意愿来绘图,但问题是学校运营空间的分配总是需要取舍。如果你希望某项运营有更多的空间,就得从别处获取。这一阶段工作的特点是不断做决策,而且这种决策只会越来越紧迫,直到结束。如果没有完整的计划和整个学校社区的参与,这个阶段可能会对项目的结果造成灾难性的影响。

一旦空间规划获批,就要开始实施建筑规划了。作为校长,你突然发现自己诠释着建筑师的蓝图的同时,还思考着风管的正确位置,监督着电缆安装。令人惊讶的是,教育机构信任校长在所有这些需要迅速给出意见的事情上的专业能力,而且校长并没有足够的专业知识。特别是在装修工程中,经常会出现一些不可预测的问题,需要校长迅速给出备用方案。

在实际的建设过程中,校长需要不断监督项目的进展,几乎每周都要参加工地会议。在这些会议中,校长检查各承建商的进展,修改不同的日程表等,同时还要向施工方强调时间管理的重要性,特别是施工期间需要将教学转移至临时的场地时。另一方面,校长也必须强调健康方面的重要性,这样不同的施工阶段才能有充足的时间。因此,不管校长们喜不喜欢,他们都变成了兼职的建筑专业人士。把常规的学校工作也算上,校长管理工作时间就变得至关重要了,尽管有些不可能。

无论在预测问题、翻新和建造校舍方面投入多少努力，校长仍有可能面临这种情况，学校社区或学校的某些人开始生病，怀疑学校环境有危险。校长在处理学校教职工或学生对这类事件的反应时，应兼具专业和分析能力。人们对个人健康的看法从来没有错，轻视它们是无知的表现。重要的是，要立即去查明这些人的症状如何，他们主要生活在学校建筑的哪些部分。如果有一些病例的证据是充分的，校长必须上报职业卫生保健系统，加快对建筑的检查。在这一点上，校长的作用是工具性的，他不应该认为在这些情况下检查学校建筑可能存在的健康危害是不必要的。相反，这样做时，校长应该承担卫生当局的角色，并假定自己根本不具备这种专业能力。更重要的是，不关注这些问题会增加不必要的拖延，最终会使情况更加复杂。

涉及可能被污染的校舍时，公开、全面地向学生家长通报情况尤为重要。通常情况下，教育提供者会与卫生官员和建筑专业人员一起制订沟通策略。如果学校建筑被认为对健康有害，尤其需要这样做。然而，校长不能完全遵循其他官员制订的沟通策略，这是所有相关各方都应该了解的。校长对学生负责，因此，家长关心的问题不容忽视，对待媒体也是如此。如果校长保持沉默，就会削弱学校的专业权威。家长和媒体都想知道学校的计划，这是只有校长才能回答的问题。

学校建筑危害健康会给学校领导和管理带来巨大的内外部压力，校长必须迅速采取行动，组织学校搬迁以及在新环境中运转。同时，校长必须开始规划学校建筑的翻新工作,并使师生和家长相信,学校的工作将会照常进行,他们依然可以在健康的学校环境中工作和学习。在最糟糕的情况下,校长不得不为受影响最严重的教师重新找工作,为受影响严重的学生寻找新学校。

学校应该有高质量的物业维护和门卫服务。不幸的是,不同的预算减少和外包意味着这些服务被削减或由不合格的运营商提供。在芬兰,据估计,除了建筑缺陷之外,建筑使用不足也会造成室内空气危害健康。在技术熟练的维护人员身上节省开支,只会让情况变得更糟,也会给校长的工作带来更大的挑战。

取得一致

校长亲自负责学校签订协议。根据教育提供者的不同,校长会被授予一定数额的财政权,机构的规模和当地教育部门的作用决定了校长在财务协议上的权力。为了平等和透明,校长最好签订协议,特别是同时面对多个本地教育提供者时。但是,为校长有权决定的小的日常采购进行招投标毫无意义。

校长与员工签署最重要的协议。每一位教师都有自己的雇用合同,校长、学校秘书和人力资源部的代表要确保教师都是合格的。作为雇主的代表,校长对教师有直接的权力。校长的工作职责还包括监督和确保教师充分完成工作任务。其他人事协议包括学校可能参与的教师教育项目和可能雇用的教辅人员。

虽然现在校舍的所有权属于多种机构,但校长负责校舍的出租。因此,他是许多出租协议的一方。如果这些协议需要撤回,他还应当是一名负责任的房东。

此外,学校的国内和国际项目以及与之有关的财政协议正成为校长工作的一部分。教育越来越国际化,多亏欧盟这样的机构,校长和教师有机会找到全新的缔约方。而且,许多国际组织只承认校长是合法的缔约方。因此,校长很有必要熟悉“项目世界”,特别是项目通常涉及不同类型的协议和多方面的报告,有时很具有挑战性。

安全第一

芬兰学校的安全以及安全文化已经成为21世纪头十年的“烫手山芋”。造成这种情况的主要原因是两起悲剧性的校园枪击事件。在这两起事件中有大量的学生和教职工丧生。曾经发生在其他国家的枪击事件,击碎了芬兰学校的安全感,也暴露了芬兰社会和学校的严重问题。为什么男孩子在芬兰社会中被边缘化了?为什么学生在学校不快乐?为什么年轻人看不到教育在社会发展中的意义？为什么我们没能识别出患有抑郁症的儿童或青少年，或那些在家里和学校有其他严重症状的人？

校长是确保芬兰学校安全的人，无论是校舍安全还是在其中工作和学习的人们的安全。打造一所安全的学校必须从学校的安全计划开始。学校安全的领导始终是校长，创建学校的安全文化也是校长的责任，其在这方面的主要职责是编写和更新安全计划、组织安全疏散演习、处理实际的安全隐患。

这一职责还包括官方检查，其中安全措施主要是从火灾和急救准备的角度，以及职业安全与学校安全的角度出发。校长的安全责任是法律义务。然而，履行这些义务很有挑战性，因为学校的运营有时使安全规程难以执行或监测。尽管如此，涉及安全问题时，校长有必要完全按照法律中的合理规定执行。毕竟在真正疏散时，出口堵塞和音频设备损坏可能会导致严重的问题和无法预测的后果。如果事后对这些情况进行评估，就没有法律解释的余地了。

学校应该审视自己的安全规程，每年至少进行一次安全演习。毫无疑问，安全不只是警报响起时做出正确行为，学校安全还包括学校维护报告和对校园内可疑行为的整体防范意识。学校安全包括关心学生和教职工的生活状况，有人处于困境时，社区可以提供支持。

学校安全计划应该尽可能地让社区参与。在制订计划时，师生的意见很重要，毕竟他们都有关于安全的想法。这种参与也会加强社区的信任感，即校长和雇主为可能发生的危机做好了准备。评估学校日常生活中存在的安全隐患也很有帮助,内部隐患和外部隐患处理起来有很大的不同。

对危机情况来说,制定预防措施与制订应对计划同样重要。安全检查、选择合适的材料、礼貌和良好的行为、关心他人、为他人着想,这些都是学校安全文化的表现。校长可以帮助人们营造一种氛围,防止反对学校的行为而不是鼓励。但是,如果发生了意外情况,校长的处理方式就很重要了。如果校长连很小的安全细节或安全问题也能关注,这将传达出一种清晰的学校价值观——学校会保障每个人的在校安全。

在规划校舍时,安全也是重点议题之一。芬兰内务部下属的学校规划委员会最近发布了一份声明,其中的明确指示可以作为校园环境安全规划的依据。这些指示在许多方面与芬兰建筑师、校长或教师对新校舍的设想不同。学校工作人员和建筑师希望拥有更大的公共空间,但安全专业人士更喜欢没有直接或较少直接的目光接触的封闭空间。

这只是无数想法和担忧中的一个例子,营造安全、舒适的校园环境的决策却建立在这种基础之上。

让我们一起创造更好的学校

几十年来,芬兰教育政策的优势在于,校长和教师的专业技能被用于国家和地方的教育规划。尽管有时只有少数学校领导和管理人员真正参与国家计划,但通过多种团体,所有校长都有机会参与教育政策相关的讨论,其中最重要的团体之一是芬兰校长协会。在过去的几十年中,这个协会参与了每一次重大的教育改革项目。

校长的实践性专业知识为政治家和官员制定教育政策提供了大量实用信息。校长代表整所学校,利用自身的专业,为学校的发展作出贡献,并使整个学校社区受益。他们的工作注重学生学校生活的全局,教师的专业视角则侧重于教学实施。然而,应该指出的是,在芬兰的学校生活中,校长和教师的专业角色并非泾渭分明,校长和教师只是用不同的方法去规划教育。

教育规划与信任有很大关系,在学校日常生活中共同的信任将学校师生联系在一起。国家教育政策制定者邀请全国的顶级教育专业人士参与教育规划时,作为附加,他们也会得到这些专业人士更坚定的承诺。这对地方的专业性也有帮助,因为参与了国家层面工作的人员会把新的观点和知识带回地方。校长深度参与学校的实际工作,能够预测改革可能带来的机遇和问题,这对国家教育规划工作非常有价值。明智的做法是听取那些有实践经验和想法的人的意见,而不是把不可能的计划强加给他们。

一方面,你可以认为国家教育政策的规划工作互动性很强,但另一方面,这样做也存在一些先天不足。首先,由于某种原因,这种共享参与未能促进创新的、独创性的教育思想产生，而是使我们的教育政策不断重复。例如，课时分配计划改革很容易变成不同参与者为了自身利益或某些利益团体的利益而游说。另一方面，参与协商的人们的想法非常相似，新思想要么完全缺失，要么没有被认真地采纳进教育政策议程内容中。

教育政策缺乏新视野，至少某些改革只是对旧政策的更新，无法满足快速变化的社会和广大人民的需求。许多青少年认为学校是过时的，这很明显地体现在他们上学的动机和对学校的满意度上。这些问题对校长和教师来说都很困难，因为可以改变学生学习动机的方法很少。

芬兰应尽快开启新的教育讨论，为国家教育政策寻找新的方向。目标应是使其能够超越政府的选举周期，对如何实现目标也具备清晰的战略。教育政策也应该走出舒适区，走向创造新事物的思维方式。凭借强大的规划传统，芬兰已经创造了充分的条件来寻求新型的、更有勇气的学习方案。芬兰也有教育人员能够执行这一“芬兰学校”新愿景。

在财政困难时期，教育政策的规划倾向于单边，强调发布和接受命令。不幸的是，这种情况在国家和地方两级都变得更加突出。芬兰教育的高层应该非常慎重地评估这种变化的影响。独立、娴熟的芬兰教师以及极具专业精神的校长都是在自由和信任的文化中产生的，而不是遵循命令。

课时分配

芬兰政府颁布了一项法令,规定了基础教育和高中的学时分配以及不同学科的目标。除了教学总目标和不同学科的教学目标,它还规定了各级各类学校的课时如何分配。遵守课时分配法令是教育提供者的责任,因为它规定了国家教育政策的目标和方向。课时分配大约每 10 年更新一次,而且芬兰教育政策的特点是每次只做一些微调。因此,课时分配是和谐的国家教育政策的例证。然而,这种停滞也有问题。在某种程度上,这显示了芬兰缺乏远见和勇气来寻找新的创造性解决方案,而寻找新方案才是教育政策战线需要努力的目标。

全国和国际的教育测评、专家报告和整体发展趋势、社会的未来展望都会影响学时分配和学习目标的设计。芬兰教育与文化部负责为课时分配做准备工作,并为此成立了一个多学科委员会。该委员会里有来自教育政策领域所有重要机构的代表,校长历来都是重要的代表。

由芬兰教育与文化部召集的委员会通常有一年的时间来做准备工作。首先,他们要听取几位专家的意见,如来自教育研究和劳动力市场领域的专家。这项全面的背景调查工作之后是课时分配真正的准备。在此期间,委员会成员避免向外界透露工作进展,原因是这项工作伴随着巨大的外部压力。芬兰社会热衷于将广泛的事务纳入学校的职责，各种利益集团的游说可能会严重影响委员会的工作。

关于课时分配的建议会提交给教育与文化部部长，随后还会进行多次协商。然后，该提案会提交给政府的教育政策部长级委员会。如果不需要修正，并且在政治上也通得过，教育部长就会将该提案提交给政府批准。如果课程的目标和课时分配需要修改《基础教育法》或《普通高中教育法》，它们将作为政府提案单独提交议会。

校长必须清楚了解与其学校形态有关的课程目标和课时分配，它是学校所有计划制订的基础。同样重要的，校长要了解当下政治和社会所讨论的内容，这些讨论决定了教育的未来目标。在最好的情况下，活跃的校长可以直接或间接地影响负责课时分配的委员会，并表达自己对教育政策的看法。这样，课时分配也可以作为学校的工作日志，反映学校真正完成学习目标的现实可能性。

通识教育的课时分配以综合通识教育理念为基础，包含许多学科，尤其是在基础教育的最后几年和高中阶段。然而，许多教育专家认为，芬兰可以放弃目前大量的学科教学，把更多的精力放在学习新的知识和技能上。尽管如此，做最终决定时，我们还是选择了“小变化”这条老生常谈的路。然而，似乎到 21 世纪 20 年代，我们将会走到这条道路的尽头，芬兰必须找到新知识和新技能的核心要素，作为课时分配的基础。

教育和研究发展规划——教育的全景

每届政府制定的政府工作规划，到选举任期结束才会终止。该规划中针对教育的部分称为“教育和研究发展规划”，它特指带有实施计划和进度表的政府规划。“教育和研究发展规划”描绘了芬兰教育政策的全景。可以说，如果其中有什么没有提到，那么在选举任期内就不会实施。因此，不同的教育利益集团的游说在政府准备工作前就开始了，他们通过游说，使部长们了解最重要的教育目标。

“教育和研究发展规划”是最重要的文件，它决定了每所学校未来四年发展中最重要的目标。这些目标可能会是教育发展的方向、学习空间的数量或是财务变化。了解“教育和研究发展规划”的内容，校长可以更好地做规划和铺垫，因为“教育和研究发展规划”的实施和研究还包括资金直接投入教育的优先级。了解优先级系统，教育提供者就可以开始关注那些会获得额外资金的目标或能获得高额项目奖励的目标。

“教育和研究发展规划”和许多其他教育政策文件一样，都要经过多轮磋商，使地方教育政策围绕其内容展开。2010 年，芬兰教育与文化部提出了市教育和研究发展规划的构想：在整个选举期间，芬兰各市政当局或市政联合会也应就教育的未来和目标进行持续的教育政策讨论，并拟订一份行动计划。

教育部还认为，这些市级的“教育和研究发展规划”也应该作为项目资金的基础，这就使得规划的制定更加重要了。教育部认为，决策上一定要慎重，特别是在财政困难时期。因为市级层面的决策，如果缺乏长期规划，可能会带来不可预测的举措后果和短视的解决方案。

市级的“教育和研究发展规划”面临两项挑战，一是市级教育文化部门的知识水平，二是管理结构的扁平化。在芬兰的许多自治市，校长也是当地教育与文化部门的负责人，这使他既是教育的执行者，也是当地教育政策部门的最高官员。但是，在某些教育政策资源丰富的市，校长在规划市级的“教育和研究发展规划”方面也发挥着重要作用。这需要校长对教育政策和沟通渠道具有良好的前瞻性，来影响那些国家层面的教育政策制定者。在最佳情况下，市级的“教育和研究发展规划”可以成为校长、当地教育与文化部门的管理层和政策制定者的联合论坛，通过它，可以为教育发展制定者提供良好的、长期的政策和行动计划。

课程——学校最重要的手册

学校最重要的手册是国家核心课程。在芬兰国家教育委员会，这本手册的编写准备工作即将开始，因为课时分配方案已经通过。

国家核心课程是指导学校各项工作的核心规则手册。它规定了学校的基本价值观、目标以及教学结构。此外，国家核心课程还提供了指导学校工作的原则，如学习的概念、良好的学习环境、运营文化和更好的工作方法。最后，课程概述了学科目标和核心内容以及跨学科主题、辅导程序、学生指导与学生评价方法、学生福利措施以及家校合作的内容。

国家核心课程的编写过程非常开放，芬兰国家教育委员会的目标是引发广泛的公众讨论，网上全程可见，市民也有机会对课程草案进行评论。

课程的实际编写由许多不同委员会共同承担。这些委员会传统上由大量的教师和校长代表组成。从课程工作的实践角度来看，校长需要用一种平衡的方式来评估学校实施新课程的能力。在编写过程中，校长也必须考虑在完成课时分配和国家核心课程的同时促进学习，确保工作社区的福利。

课程工作的早期阶段会收集许多不同利益团体的诉求，还要考察当前的教育评估数据和最新的研究成果，目的是找到最好的教学方法和工具来保障学习。在撰写国家核心课程总体内容的同时，分学科的课程工作也会完成，其中将列出各学科的目标和内容。换句话说，课程编制工作是一个分阶段的过程，其最终成果应该可以指导芬兰学校未来十年的工作。

国家核心课程一旦完成，地方课程的准备工作就开始了。芬兰教育无可争辩的优势在于，其课程设置不仅停留在国家层面，也包括地方层面和学校层面。校长在这项工作中扮演了重要角色。事实上，制定地方课程是他们工作中最重要的教学工具。校长可与学生、教师及其他非教育工作者合作，建立完善本地课程，创造真正巨大的成功机会。

在撰写校本课程内容时，教师的技能可以充分发挥出来。芬兰国家核心课程为当地教育提供者开发地方课程留出了空间。这种信任和自主性在普通高中教育的课程中尤为突出，除国家必修和专门课程外，课程中还包括一些特地为发挥教师的专长而开设的校本应用课程。

课程实施过程中，需要经常检查课程中所述的指导原则，以确保它们仍然符合当前学校的现实。随着国家核心课程每十年更新一次，学校有必要对校本课程内容进行重新评价和修订。因此，许多学校都由校长指派的专门委员会负责课程更新。课程的实际开发工作通过教师会议和以计划为主题的工作日在不同的主题和主题团队中展开。

确定学生评价方案是校本课程较重要的内容之一。学生评价的依据是芬兰教育法和国家核心课程。教师通过学生评估来行使作为市政公务员的权力，这就是为什么从校长的角度来确定学生评价的原则是课程的关键部分。评价方法和评价标准必须表述清楚，必须提供学生评价如何实施、怎样测量、良好技能的特点是什么等主题和特定内容的信息。校长可以积极引导对学生评价的讨论,特别应导向学生评价方法的多样化。

本地化思考

教育提供者、芬兰市政当局都具有自己的本地化战略,这些战略也在地方教育服务的工作中得以实施。最佳情况下,地方教育行政的战略也写在国家核心课程或重要的教育政策文件中,如市级“教育和研究发展计划”。

校长作为市政管理人员,常常为芬兰教育与文化部制定当地的教育战略规划,包括服务结构、学校网络或特定的发展重点,如国际教育、生态教育或其他一些可以提高市政当局活力的主题。

市政府和教育部门的战略在学校的目标中得以实现,即培养能理解与应用“芬兰式民主”的活跃公民。因此,参与战略性的工作为学校提供了被市政府视为活力基础的核心内容。通过支持这些内容,校长可以在学校与当下的社会关注点及发展之间建立更强有力的联系。

芬兰教育政策的目标是引导教育提供者走向更紧密的合作,最显著的成果是地方战略和继续教育项目。校长在规划和实施这项合作中发挥着重要作用。这种合作特别反映在地方课程中,这些课程由多个教育提供者建立和共享。在变革中,合作更加重要,特别是在人口稀少的乡村,维护教育服务需要广泛的合作网络。

运营计划:计划、实施与报告

学校的运营计划包括本学年最重要的活动。对计划整个学年的工作来说,运营计划是具体的工具。运营计划对校长也具有法律意义,因为它界定了不同于常规学校日的安排、旅行和其他活动。例如,如果在这些行动中出现学生或教师受伤的情况,校长就要检查学校的运营计划,以确定责任如何分配。

运营计划的撰写方式多种多样,甚至可以说,每所学校都有自己的方法,从各种各样的战略卡片到平淡无奇的运营说明。然而,对校长来说,按预期撰写运营计划一定是学校工作计划过程中很重要的部分。

学校此前运营活动的评估数据等背景材料对制订新的运营计划很有帮助。这些数据来自学校工作人员、学生或合作者。新的业务计划可以解决现有的问题,开拓需要发展的领域。

芬兰学校通常在秋季撰写运营计划。运营计划生效时,大约四分之一学年已经过去了,因此该计划实际上部分描述的是过去的事情。在编写运营计划的过程中,如果学校工作人员安排好春季学期评估和计划工作,将给校长留出时间来提出一些可能的想法,改进运营计划。这个过程的挑战是学生评价的最佳时间,因为它不可避免地要在最繁忙的学校季[①]进行。

学校的运营计划通常应说明下一学年的工作重点、教学发展项目、人力资源计划的执行、领导力的发展以及学校的国际项目情况。换句话说,它是记录学年主要目标的方式。设定新目标可以让大家就学校的发展方向展开广泛的讨论。这是非常重要的,特别是学校的运营正在经历外部或内部的变化。

教育提供者对本学年的目标也体现在学校的运营计划中。他们通常关注组织的运营评估或战略计划。学校所撰写的内容中,也应包括对运营的自我评价。评价应始终反映在运营变化中,因为离开有效的评价结果,就无法说明目标达成与否。一位具有良好领导能力的校长会以多种方式运用评估数据来发展学校。

运营计划用于学校年度报告的撰写,通常作为对教育提供者运营评估的一部分来使用。年度报告描述运营计划中列出的事项是如何在本学年实现的。这份报告需要清晰而具体。事实上,编写出一份优秀的运营

① 译注:芬兰最繁忙的学校季一般是每年的四月到五月。整个学年结束前,前后两个学年衔接的时候,因为既要做上一学年的收尾工作,又要做新学年的计划。

计划，年度报告就可以使用可衡量的质性和量化指标来回答报告中提出的问题或评价目标。此外，年度报告应该可读性强，让非教育专业人士也可以轻松理解。

校长的工具箱

除了上述文件，校长的工具箱里还包含许多不同的计划，其中一些是法律性的，另一些是由教育提供者起草的。举几个例子就能看出校长工作的多面性，比如有涉及安全、员工、平等、评价和福利的计划。校长的责任超出学校周边范围，会进一步增加这些计划和文件的数量。因此，校长在规则和条例的“丛林”中工作，掌握所有的规则和条例几乎是不可能的。

许多计划主要是针对教育提供者，即市政府，但由于芬兰地方教育部门的管理非常扁平化，许多问题会归结为学校的责任，并最终变成校长的责任。教师工作的重点是教学，所以，我们必须谨慎地思考教学以外的时间，斟酌花在制订各种计划上的时间，以达成学校的最终使命。如果认为这样的实施不可能实现，我们就需要重新考虑教师和校长的角色，把一些计划工作交还给其他市政官员。

芬兰学校也是外界持续关注的对象，学校会收到很多参与各种评估调查和研究工作的要求。在这种情况下,学校必须慎重考虑,调查和研究如何服务和影响学校工作。

学校管理中的合作

20 世纪 90 年代,标准导向的式微让教育当局转变了角色,这已被证明对芬兰学校有益。取消由地方政府省级办公室管理的学校检查之时,教育管理的新时代其实早已开始。教育部门开始强调协作和过程评估,而不再是检查。这在教育当局和学校之间创造了一种信任的新氛围。

从学校管理的角度来看,芬兰教育与文化部在教育政策中的作用主要是制定战略性的政策和目标。芬兰国家教育委员会发挥更实际的作用,因此,它的决定和规划工作对学校日常生活也具有更显著的影响。国家核心课程、国家评估项目和各种发展项目及其资金,使芬兰国家教育委员会成为校长的重要伙伴,他们为校长提供的在职培训也进一步加强了合作关系。

许多在芬兰国家教育委员会或芬兰教育领域的其他机构工作的人都具有教师资格,而且相当多的人还曾担任过校长或教师。和一位在该领域有个人经验的官员谈论学校生活,与试图向一位从未在学校工作过的人解释学校生活,其中有天壤之别。在个人历史和话语方面的相同背景为专业关系奠定了重要基础。

芬兰国家教育委员会历来大力支持和赞赏校长的工作，真正倾听校长的意见。校长在国家核心课程的编写和许多其他教育发展项目中也起着重要的作用。这些关系一直延伸到学校生活实践中。学校可以随时与芬兰国家教育委员会的领导人和其他官员取得联系，接受建议、开展建设性的讨论并交换意见。这当中最重要的部分是相互信任，即双方都欣赏对方的工作，并把学生的最大利益放在心上。

在学校管理中，校长不可避免地要面对一种情形：自己作为雇主代表的角色被着重突出。举例来说，校长可以与地方政府用人单位讨论主管与下属之间的挑战性问题，提供教师与校长之间专业关系的明晰说明，界定教师的工作职责。地方政府雇主不参与学校的实际教学管理，他在雇用和工资相关的方面提供服务。

国家层面的管理作用被特意淡化了，同时增加了市政当局的责任。但是，国家行政机构承担的一项非常重要的责任，有时可能给校长带来大量的额外工作。芬兰国家教育与文化部是家长或教师投诉的官方渠道，如果他们对学校的决定有异议或要求教师修改学生评价。虽然决策越来越公开，评价标准也总是与学生共享，但有时校长与其雇主必须对投诉做出回应。

校长必须牢记，进行冲突情境的决策，需要听取所有相关方的意见。决策必须始终基于记录的事件，而不是基于意见或未经确认的信息。决策对象必须是个体,决策必须合法、一致。在涉及学生或教师的艰难决策中,校长必须经常咨询上级,如果可能的话,还要咨询律师,以确保决定符合法律。国家层面行政机关接到的大多数投诉都涉及芬兰《行政程序法》规定的听证权。这意味着个人没有机会表达其对事件的看法,决定是根据另一方提供的资料做出的,也可能意味着缺乏依法听证。

市教育行政部门的教育管理工作由当地教育与文化部门或教育部门的负责人负责。他向董事会汇报,董事会由在各自领域内拥有最高行政权的政治家组成。地方教育部门的负责人通常都曾做过教师或校长,所以他们很了解学校生活的现实。

教育提供者所在的教育部门的负责人也是校长最亲密的上级。虽然这两者角色不同,但他们在如何发展本市学校上必须拥有统一的愿景和战略。教育部门的负责人不仅是校长的上级,也是校长重要的支持来源,是校长个人发展的得力外援。在最好的情况下,双方的合作反映在教育部门制定的大规模战略中,这些战略由双方通过专业讨论形成。

然而,我们必须承认,校长有时也会发现自己的行为和思维方式与教育提供者的要求相冲突。在这种情况下,校长与其上级必须考虑彼此之间的权威和忠诚的界限。芬兰学校生活的优势之一是,它能很好地承受这些偶然的紧张。由于双方都批判性地审视了各自的行动,这往往会加速发展并激发出新的运营方法。事实上,芬兰成为教育上非同一般的国家,是因为我们在学校生活中采用了差异化运营,不受权威或法律问题的牵制。但是，过去几年的财政困难让这种批判性对话减少了，这有些令人担忧。

在芬兰社会，学校的专业任命很少被政治化。这种情况偶尔会发生，但校长和教师的职位是根据技能和资格来匹配的。关闭学校、削减预算和建造新学校可能使校长和当地教育部门的管理者处于对立地位。重要的是要记住，双方对发生的问题都有自己的专业见解。校长从学校、教职员工、学生和家长的角度去看待问题，而地方教育部门的负责人必须考虑市政府的总体状况、财政状况和整体的教育组织。理解另一种观点有助于理解困难的决定，但做这些决定并不会更容易。

TOP CLASS

Finnish school leadership and management

如何成为一名校长

校长培训——校长也是教师

校长任职资格基本是以教师任职资格为基础的。过去这些年，校长的工作职责有一些变化，更改校长任职资格的诉求也在增长。情况看上去似乎是如此，但是，教育政策领域在这个问题上达成了共识，那就是仅仅改变任职资格并不会带来进步。了解学校生活和教师是构建教学领导力的基础。

与许多其他国家的做法不同，芬兰拥有校长培训项目，为校长提供了充分的任职资格。毫无疑问，高质量的教师教育与校长在职培训是使芬兰成为世界领先教育品牌的核心要素。在芬兰，学习的领导、管理都掌握在教育专业人员手中，他们有资格管理学校。

教育政策的决策者认可校长在实施教育政策、确保学习质量方面担当的重要角色。这对任职资格培训和校长在职培训都有积极的促进作用。校长几乎都是持证上岗，这意味着教师只是偶尔为校长做一点替代性工作，或者校长兼任当地教育部门负责人。

以前，校长任职资格是教育行政管理方面的证书，主要看候选人在教育法律和教育行政管理方面的能力。日常工作中所需的能力依赖候选人在第一份工作中学习，而教育行政管理证书中所体现的法律和行政管理能力是校长日常工作中无形的支柱。实际的工作是一幅“挂毯”，由人们在日常工作中的互动和有效组织编织而成，比撰写法律文书更加丰富多样。

如今，一名有抱负的教师可以通过多种途径取得校长任职资格。芬兰国家教育委员会仍然将教育行政管理证书作为一项资质，但获得证书的内容和方式已发生了极大的变化，更趋近真实的工作情境，通过获得大学水平的证书来获得资质。例如，于韦斯屈莱大学的教育管理学院提供多维度的辅导，为学习者熟悉校长工作提供多种可能性。对校长的教育内容的重点也明显转向最重要的运营领域，如教学领导力、教职工发展和财务。大学层次的继续教育也提供教育管理硕士学位，以及教育领导和管理研究的机会。学术型校长的增多是最近十年校长发展的一个特点。

芬兰目前正在改革校长和副校长的资格要求，以便通过进一步学习来提升他们的专业技能。这项改革意味着校长和副校长将在教育领导和管理方面具有同样的资格。一旦承担教师教育的大学在其学位要求中加入教育领导和管理这一主题，我们就可以认为其具备了良好的资格和技能水平。这也将为教育领导和管理整个结构的更新奠定新的基础。

校长亦积极参与在职培训，芬兰有很多高品质的继续教育课程可供校长参加。这是明确的信号，显示出当前教育领域坚信良好的教育领导和管理对学校的成功极其重要。芬兰校长协会和芬兰国家教育委员会在组织这些培训方面发挥了重要作用，后者为这项工作投入了数千万欧元。从多种出席指标可以看出，校长认为在职培训对个人的专业发展至关重要。

招聘优秀校长

对教育提供者来说，招聘校长是一项具有挑战性的任务。虽然芬兰拥有大量合格的教师，但有抱负成为校长的教师却很少。一个校长职位空缺通常只能收到大约十份申请，这个数字低得惊人。因为与教育领域其他职位的薪资相比，校长职位的责任与薪资并不匹配，特别是工作时间和工作任务还在持续增加。

虽然这是事实，但要知道，在薪资和其他服务条件比芬兰更有吸引力的国家，校长也是紧缺的。这份工作所伴随的责任，加上公众的关注、持续的评估和竞聘上岗压力，降低了教师申请学校领导和管理职位的意愿。这份工作压力很大，身处于上级主管、学生、学生家庭和教师之间的压力往往需要校长独自面对。

大多数公开招聘的空缺都是永久岗位，发出公告供大家申请。职位要求通常包括战略领导、改革管理、财务管理、教学领导和人力资源管理方面的技能。国际化技能也很重要，以及成为不同教育提供者管理团队成员的能力。

根据申请人的情况，教育提供者的代表邀请最有能力的申请人参加面试。通常由一个多专业的面试团队进行面试，整个教学团队和学生团体的代表都参加面试也很正常。但咨询公司或专门评估申请人技能的公司在招聘过程中却极少参与。

整个招聘过程最终由官方任命的市政委员会结束,地方教育管理的最高官员宣布结果。选择校长很少考虑政治动机,目的是找到最好的领导者,迎接学校未来的挑战。招聘过程中,我们看重申请人的互动技巧及其对学校使命的整体看法。对最终的招聘结果不满的人可以提出上诉,申请文件都是公开的。

芬兰校长中,三门学科的教师是主流:历史、数学和体育。这三门学科的教师担任校长比其他教师更常见。这可能有几个原因:设计课程表需要逻辑和数学思维;管理一个单位,分析和解释各种运营机制体现在历史学科中;对体育教育工作者来说,组织一大群人做实际工作更容易。

大多数校长终身职位都有试用期,允许双方在一定的时间内取消雇佣关系,通常试用期为六个月。与政府官员一样,校长必须提供医生出具的健康证明和犯罪记录摘录,后者是任何从事三个月以上与未成年人相关工作的人都需出具的。

熟悉校长的工作

熟悉校长的工作需要时间,每一位新校长都应该牢记这一点。尽管工作场所、工作方法和专业目标仍是熟悉的,但从教师到校长的转变意味着工作职责将发生重大变化。如果一名教师成为其所在的工作社区的领导者则更是如此。新校长必须将以前的同事关系变成上下级之间的合作关系,这要求双方都意识到这种新变化。

芬兰学校有六年和三年的运营周期。根据我的经验,一名校长需要6—9年才能完全专业化。这并不是说一个人职业生涯的最初几年在某种程度上效率低,而只是说,在那些年里,校长有时间通过自己特定的学校形式来指导第一批学生,这当然为工作的各个方面提供了充分、全面的视角。

校长在职业生涯的最初几年里获得的重要帮助就是找到一群伙伴。这并不一定是指在同一所学校工作的校长,而是指能够提供协作、讨论和支持的全面的专业网络,帮助校长面对学校领导和管理的不同挑战,如解释新的法律、法规或课程项目。这项工作还涉及大量的问题要解决,因此同侪在专业指导方面的作用非常重要。

领导和管理学习社区

芬兰校长管理学校的最大优势是拥有一支熟练、专业和高效的教师队伍,他们也同样坚定地致力于教育事业。芬兰大学的教师教育做得最好的地方是,它采用有效的教育方法培养教师,培养出的教师既会教学,同时也是其所在学科的专家。事实上，校长可以依靠教师的专业水平，这意味着芬兰更容易以一种健康的方式发展学校，一起规划和面对新的教学挑战。

几十年来，教师教育项目在芬兰一直很受欢迎。芬兰是一个特殊的国家，教育在很多方面都很重要。首先，教师教育项目的申请人数远远高于招生人数。这意味着那些被选拔出来成为教师的人不仅是技能出众的年轻人，而且对从事教育工作具有强烈动机。其次，教师的专业性在芬兰社会中依然很受尊重，这为学校和家长之间的合作奠定了信任的基础。此外，芬兰成功地避免了教师的神秘性，但在美国等国家则不是这样。芬兰没有超级教师，但多的是好教师。

教学的专业性是芬兰学校运营文化的核心，校长可以在许多方面运用这种专业精神。在某种程度上，特别是在一所比较大的学校，学校的领导和管理就像是为专业人员分配角色：思考谁最适合协助管理学校，谁具备可以在国际环境中应用的技能，谁在学生指导方面有独特的技能，谁擅长组织活动，谁适应学校生活中的许多其他任务。尽管如此，重要的是要记住，教师工作最主要的是促进学生的学习，应该始终确保教师有足够的工作时间致力于此。

芬兰校长很少听课。部分是时间原因，校长工作的任务范围很广，这意味着管理职责和组织学校的日常工作会占用校长大量的工作时间。但更重要的原因是，芬兰校长和教师之间的专业关系建立在对彼此工作能力的强烈信任之上。当然,双方相互支持,但前提是教师了解教学专业性的内容,以及学校在教学方面的共同规则与学校的运营文化。如果教师在工作中需要帮助或指导,校长需要提供这种可能并给予帮助。

教学的自主性反映了芬兰整个学校体系的自主性。“我们可以按自己的方式行事,我们创造自己的行事方式”,这种主导思想为多样性和教师发展自己的个性保留了空间。教育领导者应该记住,领导一个由专业人士构成的群体时,听取教师的意见,并让他们参与学校工作的规划和发展以及决策制定很重要。这种领导和管理的方法可以最好地发挥出教师的高素质,为可持续发展的工作奠定基础。

所谓“正确的风气”是管理专业人员组织的挑战之一。教师身份似乎包含了一种强烈的观念,即发展自己的工作社区与教授和学习正确的内容和理论有共通之处。因此,管理这样一个社区的最大挑战是,培养它对失败和不确定性的容忍度,必须允许学生、教师和校长在工作中犯错误,因为反复检查一切会摧毁创造力和勇气。这就是为什么那些有技能和勇气跨越至新领域、未知领域的教师必须在校长的保护之下。

在芬兰,学校里的专业关系很直接。教师很容易联系到校长,在学校的日常生活中,只有工作把他们与教师有所区分,而没有任何外在的标志或形式。通过这种方式,学校也向学生传达了民主和平等的信息。

招聘教师

在芬兰，校长和教师之间的专业关系始于教师招聘，这通常是校长的职责。例如，通常由政府机构批准永久性的合同雇用关系，或者市政规章程序中将决定权交给教育与文化部门的负责人。但在现实中，真正的招聘决策属于学校自治的范畴，这为校长发展学校提供了额外的可能性。

在过去的几十年里，教育领域的职位空缺出现了很大的变化。直到20世纪90年代末，校长还负责公布终身教职的空缺。他们粗略地估计学校的员工需求，报给上级，然后负责实际的招聘流程。

如今，开放新的教学职位需要谨慎地控制，需要基于对就业需求的更大规模的评估，这通常由教育提供者完成。这是财政状况普遍恶化以及学校合并和关闭所带来的后果，许多教师需要重新安置，或在最坏的情况下裁减教师。换句话说，教师招聘已经成为教育提供者人力资源管理的一部分，削弱了校长建构自己教育团队的自主权。

然而，实际的教师招聘依然是学校领导和管理中最重要的职责之一。无论是长期合约的雇佣关系还是代课教师的职位，校长都是根据个人评估和工作面试来做出实际的决定。在规模稍大的学校，这种招聘基本上每周一次，特别是在基础教育阶段，在流感蔓延时期需要雇用代课教师。有时是雇用日常的运营人员，在没有固定教师的情况下，学校应确保学生的安全。

评估学校的用人需求是招聘计划的第一步。仔细分析学校社区可能缺乏的技能,以及不同年级和不同科目需要什么样的员工。这一步完成后,校长公布空缺职位。

理清需求之后,校长就可以在公告中清晰地说明空缺的内容、资格要求和申请期限。通常,学校秘书会对申请人做一份概述,介绍每位申请人的教育背景和工作经验。校长关注申请人的学习观以及他们的其他技能和兴趣。这个过程的目的是对每位申请人进行全面的了解。最后,校长邀请足够数量的申请人参加面试。一个空缺职位邀请五位候选人是个好的实践经验,如果超过这一比例,则说明缺乏优先级目标。

面试有许多种方式,同样也有很多固定的面试问题。现在许多学校会组织一个面试团队,成员包括教师和校长,有的甚至包括学生代表。有时校长仍然需要独自或与副校长一起进行面试。例如,填补一名短期代课教师的空缺时,面试团队就没有必要。面试既可以是单人的,也可以是多人面试。

工作面试的主要目的是对面试者的专业和个人情况进行总体了解,包括他们的专业知识、他们如何看待自己的教师工作、他们做学生评价和教学的方法、他们与学生的关系,以及他们作为教师的使命。此外,了解他们在引导学生方面发挥的作用也很重要。还需要了解他们的国际竞争力。最后是了解他们能否保持幸福感,并持续提升工作所需的能力。在面试中也应该讨论教师作为学校社区成员的角色。

面试至少应该包括三项内容：申请人的学习观、他们对自己在学习过程中所扮演角色的看法以及他们对帮助学生全面发展的把握。申请人在其学科专业领域的能力很重要，但信息和知识不断变化，这些技能可以通过在职培训得以更新。另一方面，教师的教学原则和对教师身份的看法往往是比较固定的，反映了人的价值观和人性观。

招聘过程中最重要的目标是为学生找到一名良好的、最好是最优秀的老师，而不是最能适应校长的个人工作方式的人，也不是最适合做其他教师的好同事的人。招聘决定总会有内部和外部的压力，尤其是涉及终身职位时。然而，达到最好和最可持续的结果的方式是创建一套独立的决策过程，即基于学校的运营文化和价值观、申请人的技能和教育观点、学校或某个学科组发展的方向或可能需要的特定技能。

熟悉学校日常生活

为新入职的教师介绍其工作已经成为学校管理和领导的主要任务之一。在许多方面，它是系统流程。除了校长，介绍人员还包括教师同事以及教育提供者的代表。入职介绍不仅是帮助新教师熟悉新的工作场所，而且也是熟悉更大范围的运营模式，可以认为是教师专业发展的一部分。

在雇佣关系的早期阶段，谈论学校或教育提供者的战略并不是重点，重点是对学校生活的日常惯例的把握。因为如果不了解这些，会为新教师带来许多日常困扰，这些困扰很容易通过学校运营的具体信息来避免。例如，新教师不得不寻找与工作相关的设备和工具，或者不得不四处寻找教室和其他工作场所，这些都可能会阻碍新教师在新工作环境中上手工作。

学校有许多新教师必须知道的规定和时间表。除了官方的运营文化，至少还有一个非官方的版本或一门教师或学生的隐藏课程，新教师终会遇到。为他们提供一些这种非正式的，有时甚至是未言明的学校文化信息也很好。

培养新教师的主要要素之一是，确保他们了解有关缺勤的规则、学校与家庭的合作、工作时间、参与学校活动等。例如，在制订新教师入职计划时，校长可以制定新教师有必要知道的信息的年度时间表。

校长应该考虑参加新教师入职介绍会的人员，这一过程应该会分几次会议进行。在后续的会议中，介绍也可以包括学校或教育提供者的战略目标、学校更大范围的目标。介绍过程还应包括一次所谓的“安全行走”，新教师要熟悉校舍和安全规章制度，确保学生和教师的安全。

校长必须确保教师在工作中有足够的时间接受同伴指导，因为他的同事们是教学实践策略和教具使用方面最好的专家。介绍过程可以用一次讨论来收尾。新教师可以对整个介绍过程给予反馈，也可以对学校的行事方式提出自己的看法。听取新教师对学校现实情况的看法，可以为校长提供有用的发展思路，因为随着工作变得愈来愈熟悉和墨守成规，教师对学校的批判性分析会减少。

设计课程表，组织教学

课程表是校长最具体的管理工具。它定义了教师和学生每年的工作量。芬兰的学年为190天，课时分配决定了每个年级所包含的课时。课程表必须包括课时分配中规定的科目以及课程中规定的学科内容。在此之上，每所学校都会增加自己的重点领域和额外的研究或选修课。

一旦教育提供者完成了年度预算，年度课程表的规划工作就开始了。这决定了基础教育的课时和高中的课程数量。校长根据财政预算确定学校下一年度的教学资源。由于现有资源逐渐减少，这一阶段往往涉及教学重点的优先级别与可能的发展领域。基本上，这意味着除了提供必修教学外，额外的资源将主要面向课程中特别重要的内容或某些特别重要的课程，不是一年一次，而是每两年一次。

校长拟定下一年度教学资源计划的初稿，并呈现在全体教职工面前。在这一阶段，校长应该清楚地说明这份初稿拟定的基础，即将提供多少教学，最后的课程表何时确定。这一过程经常会伴随着额外的资金需求、不同种类项目资助等问题的持续协商。教师们也参与学校内部优先级别的讨论。例如,是否应该在课程表中突出某一发展领域,或者是否应该把重点放在基本教学职责的实施质量上。教育提供者也会向学校提出战略要求,影响着课程表的制定。

校长向全体教职工提供教学计划工作大纲时,制定课程表的工作就真正开始了。在基础教育阶段的一至六年级,首要任务是确定教学空间的分布,否则以后可能会出现空间重叠的问题,并确定跨校工作的教师的教学时间。制定基础教育七至九年级和高中的课程表也面临着同样的挑战。此外,还要为选修课找到最合适的位置。在大多数学校里,校长会为教师和学科组未来一年的工作时间做粗略的预估,教师们有时自己会完成工作时间的初步分配。校长必须确保这些工作在现实和平等的基础上进行。如果教师的建议被更改了,校长必须给出合理的理由。

制定课程表有许多实用工具。电子管理工具有助于收集数据和实施计划表。更传统的工具,如笔、纸和磁性板也可能有用。制定课程表本质上是团队合作和共享领导,学校运营的规划,常常会为教学的完成注入活力,为设计者贮藏了欢乐时光。

在芬兰学校里,制定课程表可以在不同的时间采用不同的方式。唯一的规定是课程表必须在开学前准备好。对于学生,课程表应该尽可能地发挥最大作用;对于教师,它应该尽可能平衡地分配工作量,这样他们就可以在教学的同时完成分配给他们的额外职责。通过这一点,校长不仅保证了教师福利,而且还发出了一种信号——平等地对待和认可教师在工作中的付出。

一旦共享教师、教学空间、选修课和可能的教学实验的问题解决了,课程表的制定就进入了下一个阶段,即必修部分的教学。在某种程度上,这一过程从解决最困难的问题开始,然后以尽可能平衡的方式继续安排剩下的教学。学校对自己的教师有完全的自主权时是最容易的。额外的承诺,无论是内部的还是外部的,既会让课程表变得更加死板,也会为了达到最令人满意的结果不得不采取折中的办法。

如果现有的课程表具有灵活性,在旧学年接近尾声时,学生可以测试新的课程表。教师也应检查他们的新课程表,并报告可能的错误。根据教师的报告和可能的预选课程,校长对课程表草稿进行修订,然后公布最终版本。在学年中课程表偶尔会进一步修改,但通常保持不变。

设计课程表可以将不同的教学运营模式、综合课程、跨学科主题和其他工作方法结合起来。但这项工作的主要部分是实用主义的,通过运用数学思维把时间、空间和人结合成运转良好的框架。

额外的职责

除了组织教学外,校长还要规划教师的额外职责。这包括他们准备工作所需的足够的时间，他们的额外职责要达到什么目标。教师的职责不仅仅是教学和学生评估。在芬兰，由于教辅人员有限，教师通常要承担本应由其他类型的人员承担的额外职责。

然而，拥有多样化技能的教师是所有学校的驱动力。招聘教师时，校长应考虑他们在教学专业以外的特殊专长和技能。学校需要有组织能力和干劲的人，愿意承担与教学无关的责任。正是教师工作的这一方面凝聚出团队精神，增强学校的运营文化。

教师的非教学职责有许多不同的情况，包括开发项目、组织学校活动和节庆活动、教学器材及设备的保养及购置、不同的学生辅导以及与国际项目相关的职责。在这方面，基础教育与高中教育之间存在很大的差别，后者教师工资的很大一部分来自非教学工作。

规划教师非教学职责时要考虑责任轮换和工作时间的界定。从整个工作社区发展的角度来看，教师的非教学职责应该定期轮换，否则这些工作很容易被重复分配给同一个人。轮换的概念也可以创造公平分工，并使教师时不时地站到学习者的立场上。

界定工作时间对于教师工资和他们的工作能力来说，都是一个重要问题。众所周知，教师每天投入很多时间做有意义的工作。为了避免过度劳累或加班，清晰地界定工作时间很重要。为所有教师争取平衡的工作时间至关重要，它是高质量的教学和教师参与学校非教学工作的能力的保障。

从校长的角度来看,学校的许多项目和运营都具有良好的基础,因为它们是由教师们发起和实施的,他们的上级仅仅是把这些运营正式化。这是教师专业技能与上级信任的完美结合。

对一些教师来说,非教学职责的部分可能相当重要。因此,在有关工作时间改革的讨论中,经常会收到将总工作时间作为教师工资基础的提议。这可能会是一种职能模式,因为它会让工作社区构建新的职责机制,并将为学校工作的规划和执行带来人们期待的便利。

辅导咨询

最近很少有学校生活的哪个部分像辅导咨询这样被广泛讨论。一方面,辅导咨询是教育演讲中的一块保留内容;另一方面,当教育问题出现时,总有人指责辅导咨询不足。对于工作出色的辅导顾问来说,不必要的批评尤其令人不快,他们既不应该承担辅导制度缺陷之责,也不应该为接受辅导的人某些变化无常的动机负责。

校长与辅导顾问共同创造了学校的辅导文化。它得到了学校的大力支持,学校认为它的主要目标是表达一种信息——学生必须靠自己的兴趣来引导学习。

在最好的情况下,辅导顾问是校长在学校社区的最佳合作者。如何实现这种合作取决于每一所学校自身的情况。它可以是每天或每周、正式或非正式的专业合作。最重要的是,学校的工作人员跟踪学生的学习进步。辅导顾问的角色很有趣,他们处于学生、教师、校长和校外世界的中间地带,这使得他们的工作特别具有挑战性。

校长和辅导顾问之间的合作主要围绕分析和解决多种学生事件。一些与学校标准程序不同的操作可能需要校长的批准。例如,学生需要打破他们的学习时间框架或学生需要用不一样的方式来完成部分学业。所有这一切都以学校的运营文化为指导,没有指南可循。在校长和辅导顾问的良好合作中,双方的观点是一致的,两种观点之间只有细微差别,而没有冲突。

在基础教育的最后几年和高中阶段,组织学校工作时,建立支持辅导的文化是学校的基石之一。如果在基础教育的低年级也能组织辅导,也是有益的,因为低年级是决定学生学习之路的关键时期。建立辅导文化的第一步是组建一支完备的辅导顾问队伍。专业的辅导顾问是学校内部和多种外部利益集团的网络构建者。在许多方面,招聘辅导顾问的过程和招聘校长非常相似,尤其是他们也有单独的资格培训。

良好的辅导咨询也需要教师的承诺。这是学校领导和管理中最重要的挑战之一,因为教师教育项目仍然无法充分支持教师对学生的身心进行辅导的理念。事实上,新教师的辅导理念是在招聘时最需要关注的事项之一，因为这使得他们在职业生涯的早期阶段就认同了辅导工作。以辅导为中心的教师教育是教育发展中更广泛的趋势，但它也可以是一些简单的事情，比如承担起领导家庭小组的责任，或在教学中不断提出与自己学科相关的教育或工作生活要求。

助教和家庭小组教师是学校辅导网络的一部分，在最好的情况下，他们可以快速识别学生在学习中遇到的挑战和障碍。将辅导责任划分给辅导员、助教或家庭小组教师和其他教师，可以为每一所学校创建特定的辅导模式，或在更大的范围内，创建其特定的辅导策略。大多数芬兰学校都有辅导咨询指南或辅导咨询的操作计划，其中包括了辅导咨询中涉及的最重要的操作和操作人员。校长必须意识到，他始终是辅导咨询的核心，为辅导工作提供必要的信任，帮助学生化解多种冲突，排除他们成功学习的障碍。

学校的辅导文化最关键的问题是，学校能否创造支持和鼓励学生的氛围，还是只关注良好的学习成绩。事实上，这个问题是整个教育系统最重要的问题之一。让每个学生接受平衡的教育的权利和可能性是公平教育文化的一部分。这些价值观与不竞争的理念源自相同的基础。芬兰教育体系的优势在于，我们努力开展最全面的教育，除了学术目标外，还包括个人成长。辅导咨询在实现这一目标中起着巨大的作用。

行政工作无边无界

芬兰学校的行政人员相当有限,这一点在学校领导和管理方面尤其明显。与校长合作最密切的行政同事是学校秘书。即使在较大的学校,学校秘书通常也只有一名;在较小的学校,学校秘书承担着学校多个部门的工作,这意味着当前的领导和管理包含了很多学校的行政工作。

学校秘书不是校长助理,而是学校管理的专业人员,为整所学校服务,包括校长、教师和学生。从管理的角度来看,学校秘书是学校里最重要的工作人员之一。芬兰学校秘书的专业度必须得到称赞。芬兰学校秘书的客户服务导向之所以优秀,是因为他们坚定地忠于教育原则,由此他们的工作支持了学校里更广泛的运营规则。

学校秘书的职责很广泛。例如,他们负责管理学校的管理系统、实际的财务管理、人事管理、学校招生、收集和管理学生的评估数据、小设备购买和项目管理。事实上,这个清单无穷无尽。根据学校自身的需要,每所学校的学校秘书的工作职责也不同。在基础教育和高中阶段,学校类型不同,秘书的工作职责也不同。

校长和学校秘书可以组成一个优秀的工作团队。学校秘书做实际的日程安排,自主处理掉大部分行政工作。校长为学校的运营做长期规划,这当然会影响到行政工作。因此,双方之间的规划和讨论往往是学校发展项目的基础。校长和学校秘书对双方专业技能的信任与校长和教师之间的信任非常类似。因此,校长应有意识地强调学校秘书作为学校专家的地位,而不是作为学校行政管理的助手。

不同的学校里,学校秘书的工作有不同的侧重点。在高中,大学入学考试占据了学校秘书工作时间的很大一部分。校长负责考试的实施,学校秘书则负责实际操作,如考试登记、沟通、接收专家报告和提交考卷、组织考试中的各种具体事宜、处理考试记录以及很多其他的职责。这需要学校秘书对大学入学考试有较好的理解、信息高度准确以及优秀的时间管理技能。

除了学校秘书,校长对其他学校辅助人员的作用要复杂得多。学校护工、校医、学校心理医生、学校社工等通常为其他行政部门工作,因此校长对他们的工作只有部分的间接管理权。

21 世纪初,学校校舍的状况和安全曾是芬兰教育界讨论的热点问题。一部分原因是学校校舍条件恶劣,另一部分是由于学校暴力事件频发,在学校社区安全的问题上留下了浓重的一笔。

学校领导和管理部门不得不在校舍维护方面投入更多精力。越来越多的学生和家长对学校校舍的状况感到担忧,这使得许多校长不由自主地成为校舍建造和许多与过敏有关的疾病的专家。一所安全健康的学校显然是学校中每个儿童和成人的基本权利,但由于许多校舍的管理被外包,保障这一权利变得极为迫切。外包通常无人负责,很难进行质量控制。学校校舍的状况也是媒体关注的话题，这进一步增加了校长的压力。他们应该展示成果，并在没有直接权限的情况下进行修整，同时还要尽可能保证安全、健康的学习环境。

一所安全的学校也意味着，校长必须注意所有现存的安全隐患，而且要负责处理、修整或消除这些隐患。即使是最好的校长也无法看到所有的问题，所以他们必须和学校社区一起建立安全文化，让全校的员工负责观察和报告安全问题。

校园维护和保安人员可以超越他们的职业角色，成为整个学校社区重要的教育服务人员。例如，芬兰有一些学校的管理员，他们在维护工作之外还承担了教育的角色，这意味着他们正在实现学校的目标和价值观，比如，保障校舍中的公共空间和物品被合理地使用，培养学生尊重学校社区中每个人的工作的意识。校长的行动和积极态度可以支持这种运营文化。为了强化这种文化，校长应该与学校辅助人员分享学校的基本使命和目标。

从分类教育到将全年龄组学生置于同一屋檐下的学校，这一转变在处理特殊需求助教的人数、培训和更宽泛的工作职责方面表现得很明显。一般来说，基础教育阶段的校长除了管理固定的教学人员外，还会管理若干名助教。

校长通常必须优先考虑教师的需要，这有时会引发对其决策公平性的质疑。然而，校长在决定如何分配助教的工作量之前，要认真地对学生的支持需求进行情境分析。学生的学习需要支持措施差异化时，助教的作用就变得明显了，有时在维持和平或安全的工作环境方面也需要他们。

学校卫生保健属于市政当局的管辖范围，市政当局也是教育提供者。学校护士通常至少在大部分上课时间都会在学校。学校心理医生、学校社工和学校医生通常是集中提供服务，他们在有需要时过来。学校每个学年会定期开展健康检查和校医检查，在学生成长的关键阶段也会开展检查。

学校护士负责学校的日常保健工作。他们与校长和学生福利工作人员一起制订学校的福利计划和年度运营计划，其目的是建立标准，减少影响学生学习的问题，教给学生健康的生活方式。

对以保障学生的教育为目标的校长来说，重要的是让学生能够得到及时的帮助，通过做正确的决策来支持学生的教育。问题之一是卫生和社会人员之间的保密协议将信息交换变成了"有根据的猜测"。例如，为了确保学校社区的安全，校长必须了解学生的破坏行为所涉及的问题，但是学校护士只能提供有限的信息。有时甚至学生和医疗保健提供者之间的客户关系也被认为是学校不应该获得的信息。

为了学生的福利和共同的健康目标，增进学校和医疗服务提供者之间的信息交流至关重要。许多官方保密协议造成了一些问题，如果学校工作人员能够更好地获取信息，我们本可以避免这些问题发生。教师也有保密义务，繁忙的学校日常工作使他们几乎没有时间讨论某个学生超出需要的问题。考虑到所有这些因素,不幸的是,新的学生福利法案收紧了信息交流,而不是让教师更容易获得信息。

由于校长对学校工作人员负责,他们还必须熟悉有关工资和工作时间的多种集体劳动协议和制度。此外,他们应该努力打造一支团结的员工队伍,每个人都有归属感和荣誉感。来自学生的反馈非常有用,因为它可能是学校工作人员成功以及改进的最好指标。

共享领导

共享领导已经成为芬兰教育领导中最核心的理论和观念问题之一。它的理论意义在于找到一种方法,使校长们能够激励他们的专业共同体有效运营。这种方式应得到教师真正的支持和执行,同时也是学校领导和管理的目标。这个问题又是观念上的,因为不知道领导力能否真正被分享,或者校长是否仅仅是委派任务,仍然握有所有实权和责任。无论如何,共享领导已经成为学校生活的主要趋势,也是芬兰学校独特的运营文化背后的重要原因。

共享领导基于一个简单的事实:校长和学校的工作量太大,一个人无法承担。在 20 世纪 90 年代后期,面对工作上无止境的任务和挑战,校长们开始思考如何分担工作,如何分配责任。这种模式在很多方面都很独特。它起源于芬兰学校的实践，但不是教育研究的结果，也不是教育领导者的指示。因此，共享领导的实施方式多种多样，与学校的规模及其运营文化相关。

共享领导的第一步是分析教师的潜力和技能。与副校长共享职责是一种自然的解决方案，因为这样，工作任务和职责会在现有的管理资源中分配。在这种情况下，校长往往对教职工和学生事务负责，而且负有法律责任。

一名熟练的副校长对学校高质量的领导和管理至关重要。除了分享实际的工作任务外，校长和副校长都是用全局视角看待学校，这也许是他们与教师的工作之间最明显的区别。因此，在学校的共同目标、方向和运营文化方面，管理和领导团队必须始终观点一致，至少在重大问题上如此。这并不是说一个人不能测试或挑战另一个人的思想和观念，但最终选择的方向必须是站在统一战线上的。

双方还必须清晰地在各自的职责范围内发挥作用，让对方了解最新的事态发展。除非责任与行政权力也是共享的，否则共享领导或工作任务不会成功。因此，校长需要确保工作社区理解副校长所代表的权力和责任，还必须注意员工成为副校长后其职权问题。

校长会发现，如果有一名了解学校管理和领导的同事，能在讨论中提出新的观点，那么共同规划和应对学校的外部压力就会容易得多。特别是校长与副校长之间对彼此领导力相互认可，而且其中一人在工作之余还要处理大量额外的工作。这些情况通常会扩展副校长的职权范围,这意味着他也必须熟悉校长的职责范围和工作任务。

除了副校长,教师对学校领导和管理的参与和投入是一项重要的附加资源。校长可以通过多种方式来调动教师的积极性。有时,可以永久性地减少教师的教学责任,使他们能够承担一项重要的额外职责或一个项目。

学校指导小组的规模取决于学校的规模。学校指导小组在领导和管理方面会提供很大的帮助。教师会以不同的方式成为指导小组的成员,但校长和教师的主要工作是寻找那些对更全面的学校发展工作真正感兴趣的人,或那些已经在运营工作委员会工作的人,而这些工作委员会是学校职能工作的中心。指导小组处理与学校工作有关的所有计划和决定,组成小组是为了对学校相关计划和决策所产生的影响提供足够广泛的意见。

从战略领导的角度来看,无论是指导小组还是由教师组成的权力机构都不足以成为一个主体,因为教师在承担教学职责的同时,投入在战略工作方面的时间是有限的。此外,大多数教师都非常热爱教学,如果不得不过多地关注其他职责,他们会感到矛盾。更重要的是,许多教师认为,与校长相比,他们的权力有限,这也限制了他们更强烈地参与领导和管理工作的兴趣。因此,共享领导中包含共享权力的思想是关键,否则它就会沦为仅仅辅助校长的领导和管理。

在学校的运营中,重要的是组建教师团队,让教师团队来负责学校各部门的发展。团队领导的工作是准备一份会议清单,并将学校管理层和教师的想法相结合。各团队为校长提供关于学校运营和发展的整体情况的信息。团队成员和团队领导应及时轮换,以便全校教职工的技能都能得到发展,参与面也更广。

让学生参与规划和决策过程是共享领导的一部分。学生的观点总是与学校教职工的观点略有不同,而且法律规定,在影响学校工作的重大决策过程中,应该听取他们的意见。在学校工作中,大家为达成共同观点而努力,会营造出一种信任的文化,这样即使遇到更困难的问题,处理起来也会更加容易。

大多数学校每学期或每月召开一次教职工会议,讨论当前学校工作中的问题。事实上,教职工会议对学校的运营并无决策权。除了少数例外,校长拥有学校的行政权力。校长决定赋予教职工会议多少决策权,所以经常会出现教师无法达成共识的情况。事实上,决策往往会变成学术讨论。

未来芬兰教师教育面临的挑战是加强教师的领导和管理技能。随着学校的扩大,共享领导将会成为学校运营方式中更重要的一部分,教师必须掌握更多反思型领导和管理工作的技能。这一技能在教学中也不会浪费,教师总是一群学生的领导者。因此,除了教育专业,领导和管理能力也是教师职业的重要组成部分。

专业发展、表现评估与在职培训

学校员工发展的方法有很多，其中最重要的还要数专业发展、表现评估以及在职培训，此外，还有轮岗、做项目和负责国际工作。诸如此类的方法，可以营造良好的发展气氛，也可以使学校员工的专业技能得到提升。

每年，校长会与学校员工做一次专业发展及表现评估。在评估中，校长和教师讨论其专业优势和技能，以及目前的工作职责和发展领域。在这些讨论中，校长往往会发现当前影响教师工作的一些问题。同时这也为教师和校长之间的专业关系以及学校的整体发展提供平等对话的机会。

专业发展和表现评估具有其流程，这一流程通常从校长用书面形式向教师提出问题开始。在教师书面回答的基础上，校长可以带着每位教师所关心的问题来为他们做评估。总的来说，重要的是，如果要求教师带着问题参与评估，那么这些问题也应该在评估中得到处理。

专业发展及表现评估有助于校长了解教学工作中的挑战，教师认为这些挑战是有意义的发展空间。此外，校长应就教师的发展需求提出自己的看法，因为仅仅陈述现状很难带来进步。有趣的是，这些发展空间很少涉及教学本身，往往是多种更通用的技能的发展。

校长应该不时地改变专业发展和表现评估的方式。考虑到实施评估是一项耗时的任务，特别是在较大的学校中，有时也可以对教师团队而不是个别教师进行评估。这些团队可能是基于工作委员会、学科组或年级组的，所获得的信息实际上可能比个人评估更能满足学校发展的需要。它们也可以作为观察团队动态的好工具，例如，了解团队内部现有的人际动态。

除了专门组织的专业发展及表现评估外，校长与学校员工之间会有成百上千次的讨论。这些讨论中一些是关于日常工作的正常运营，也有一些集中在学校的整体发展和扰乱学校运营的阻力上。

由于严格的教学时间限制和其他工作任务，这些讨论是碎片化的，经常在短暂的课间休息时进行。因此，有必要偶尔安排时间进行更灵活的主题讨论，或将对某项运营事宜的讨论扩展到围绕学校整体运营文化的讨论。

芬兰教师的工资是根据教学职责和额外职责计算的。任务要求和基于教师个人工作成果的个人奖金是薪酬体系中的新工具，未来将对评估教师的工作贡献、专业发展以及最终他们的工资产生更大的影响。一旦专业发展和表现评估成为薪资协商的一部分，他们就会更加关注教师的工作描述，从校长的角度来看，这为学校未来的发展提供了很多机会。

专业发展和表现评估通常会启动在职培训。在普遍的教育讨论中，尤其是掌握信息社会所需的相关技能，已经成为教师在职培训需求的核心。这些技能是展示校长制订在职培训战略计划工作的很好的案例。教师也很清楚教学改革的必要性，但实际工作中需要更新许多额外的技能。在严格的财政限制下，校长必须就在职培训的重点以及个别教师的具体需要，做出明确而全面的决定。

在学校社区中，一些活跃的个人会主导在职培训资源的使用。因此，校长也有责任在这个方面促进平等，鼓励那些多年没有更新教学技能的教师接受在职培训。有时候，几名教师都迫切希望发展他们的专业技能时，让一名教师参加在职培训是很有挑战性的。

普通教育的教师每年有权利和义务接受三天的在职培训。奇怪的是，这三天对教师来说，已经变成了一种折磨，部分原因是他们必须在工作时间之外完成。更重要的是，大多数学校利用这段时间做协同规划，难以达到专业发展的目的。在工作时间开展在职培训的问题是成本，培训成本加上代课教师的成本是“方程式”，迫使校长总是优先考虑在职培训需求。

尽管芬兰通过国家教育委员会和 Osaava 项目[1]投入了数千万美元用于教师的在职培训，但我们显然落后于其他一些国家，尤其是在信息社会所需的技能等战略领域。在这些领域，我们没能跟上快速发展的步伐。

---

① 译注：Osaava 是一个由芬兰教育部和地方办事处运作的项目，主要目的是提高教师和校长在职培训的水平。在芬兰，由几个工作小组来共同计划这个项目，既有全国性的，也有地区性的。它们从学校收集大量信息，然后为学校提供最需要的在职培训。

不管校长对在职培训的态度有多积极，都受到财务现实的限制。校长往往会优先考虑加强当下的运营工作，而不是去创造一种可能开启新的学校文化的在职培训。

提高教师的专业技能也可以通过各种不同的项目来实现。其中最好的一点是，项目会把重点放在学校运营的相关发展上，这会促进教师的专业发展。许多项目包含不同的教育模块，参与项目的教师可以学习。项目的弱点是其持续时间和有效性。由于它们的持续时间有限，在学校的日常生活中，它们的产出也不一样。投入在项目工作中的时间部分也是以牺牲教师日常工作为代价，二者之间的矛盾很难解决。

监督、评估和纪律

校长的职责之一是监督教师完成分配给他们的工作任务。教师高水平的专业精神和职业道德是任何一所学校获得成功的重要组成部分。这也是芬兰校长在教师工作方面无须太多监督的原因，双方的雇佣关系建立在相互信任的基础之上。这使得学校成为全体教职工独一无二的工作场所。

然而，信任和高超的专业水平并不能完全消除校长的监督职责，每个工作社区都会遇到工作无人负责的情况，个别教师进行学生评估或与学生一起工作的方式需要校长的干预。我们有一套处理工作社区内部问题的流程。如果教师没有履行其职责,他必须首先奉命改正。遵循流程很重要,因为它强调了学校内需要共同遵守的规则和公平性。

学生或家长干涉教师的行为是校长职业生涯中最具挑战性的情况之一。校长必须平等地听取有关各方的意见,避免任何偏见或先入之见。所有各方都必须明白,委托人必须尽可能真实地描述事件。不幸的是,通常决策会归结为去评估各方所讲述的这些不同故事的真实性。

如果家长和学生觉得教师或学校的政策令人不快或不公平,他们很容易联系上校长。在学生评估中尤其会产生这类问题,如果教师和家长之间沟通不畅,最终校长不得不做出回应。处理这种冲突需要精确的时机,教师必须有自主权,提供其评估决定的依据,并尝试与学生或家长一起找到解决办法。

如果从会议记录可以看出教师的行为不完全专业,或者有明显的错误,校长必须做出处理。这可能是一次管理讨论,或一项明确的命令,让教师改变其工作方法。如果问题再次发生,校长必须对教师口头警告。在此之后,如果再次发生,最后的处理会是给教师书面警告。在这个阶段,首先校长必须确保教师有足够的机会表达自己的意见,其次要向其上级和律师咨询。此外,这种情况下,地方工会代表、职业安全代表和职业保健代表几乎都会参与。职业安全代表代表教师参加谈判。这个跨专业的团队足以应对这种情况并找到解决方案。

教师很少被解雇，但有时解雇是唯一的选择。这意味着教师持续地忽视其专业职责，严重损害课程教学或危及学校社区的安全。解雇过程必须有明确、详细的文件，因为解雇通常需要几年的时间才能完成，对所有涉及其中的人来说都是极具挑战性和繁重的工作。繁复的流程可以保护员工，免于做出武断的决定，在涉及玩忽职守的案例中，有些决定也可能对学生不利。

在过去的几年里，教师和校长之间的工作差距越来越大。如今，我们实际上可以把它们视为两种不同的职业，但有着共同的目标——学生的学习。虽然这两种职业在工作上有共同的基础，但校长在工作中必须平衡内外部的期望。对效率、经济管理、高质量教学的要求有时会与教学最深的本质产生强烈的冲突。尽管如此，校长们还是得想办法在给定的条件下取得最好的成绩，为教师创造一种工作文化，使他们可以不断发展和学习。

环境中的学校

尽管一些评论家仍在指责学校，但学校已不再是一座自治的“孤岛”，像几十年前那样与世隔绝。国家核心课程和地方特色课程为学校打开了通向社会的大门，多种合作伙伴为学校提供支持。芬兰学校很好地响应了这一号召，现在针对社会现象及其背后的影响因素提出有趣见解的学生增加了。

每逢全国课时分配和国家核心课程改革的时刻，学校都是“靶子”，承担着巨大的外部压力。不知何故，芬兰人强烈地相信和信任，学校有能力对所有社会现象做出积极的反应。因此，学校应该不断地吸收新的教学内容和项目。而教师们认为，相对于学校工作的主要目标来说，所有的额外项目都应该是配角，我认为他们说得很对。

但我们需要合作，因为学校无法提供所有种类的专业知识，越来越多的前沿发展发生在校外。学校最重要的使命是为学生提供基础的教育，这需要持续的工作。一所充满活力、对周遭社会敞开大门的学校的重要性在于，它能为学生创造各种复杂的、有激励作用的学习环境。这些只在校内是不可能实现的。

学校也是许多地方社区的运营中心。这些社区通过多种业余活动，不仅将儿童和青少年，还将各代人以及不同的社会群体聚集在一起。学校建筑完美地容纳了这些业余活动。学校的课外用途也是一种象征，反映着社会本身的价值和活力。因此，一所学校关闭时，不仅是一所学校的消失，而且被拆除的是整个村庄的中心，承载了几代人的共同经历。

寻找动力

必须承认，学校已经不再是学习和教学方面的绝对权威。今天的孩子们获得的很多知识和技能，其中许多可能是在真实和虚拟的校园中都无法教的。学校必须认识到：学习识别发展的路径，也是个人提升教学、学校改善其与社会联系的机会。

目前的国家核心课程为学校提供了许多向周遭社会敞开大门的机会。国家核心课程的多学科主题可用于与合作伙伴创建运营模型，如多种实地考察、讲座或项目。这些学习机会需要一位学校代表，他了解不同的合作者，知道他们的专长如何才能最好地为学校服务。这位代表通常是学校的校长。他应该用一种创造性和有远见的方式来组织教学并利用课程提供的可能性。

就像在教室里学习一样，带学生到校外实地考察也能提高他们的学习效果。很高兴看到各个社区都以轻松、开放的心态欢迎来访的学生，让他们体验日常生活。校长们创造了许多运营模式，鼓励教学人员在校外为学生提供全新的学习环境，这是这种方式的学习取得成功的关键因素。

学校和各种组织均重视本地合作。通过接触周边社会，学校可以成为当地社区的运营中心，这也促进了学校与家庭之间的合作。此外，这可能会引起本地人民的负面情绪，但这也是改善校长与当地社区合作的积极、开放的契机。

学校在培养积极公民方面的作用非常重要。在这个传统参与方式逐渐消失的时代,学校必须教给学生民主社会的基本运营模式。积极主动、对周围的世界保持开放是值得学习的品质。通过树立榜样,学校和教师向学生表明他们重视差异性。秉持开放办学的学校可以为学生提供广阔的社会视野。这也意味着,向社会敞开大门的校长和教师都必须明白,虽然有些社会现象反映的不是他们的个人价值观,但这些现象可能对学生的教育是必要的。

学校与职场之间的合作

21 世纪的头十年,学校和职场之间的合作一直是教育政策的焦点,也是一个普遍讨论的话题。这清楚地表明,芬兰的职场人士对教育很感兴趣,而且那些参与教育政策的人往往愿意倾听他们的心声。随着全球劳动力技能的竞争加剧,学校和职场之间的合作成了双方共同关心的问题。各种各样的专业人士向学生讲述教育中的所学如何在工作中应用,学校也把这种需求传达给职场人士的代表。

国家核心课程已经开始在全球环境中思考课程,强调多种相关的技能,在某些情况下甚至超过知识的重要性。每位员工每天都要回答的问题是，如何在工作中运用自己的技能和知识。教授技能，以及理解如何在更深层次上教授技能，促使学校搭建了可以为此提供帮助的外部网络。一旦校长认识到课程中技能基础的重要性，就必须考虑可能的战略来落实这一重点。与职场接触是应对这一挑战的关键。

学校与职场专家之间的对话在许多不同的方面都很重要。校长可以鼓励教师去了解不同的职业，或通过在职培训获得一些工作经验。从在职培训的角度来看，学校与职场之间的积极接触是教师熟悉其他职业及其所需技能的有效途径。此外，如果教师能将这些知识融入教学，成为日常教学的一部分，对学生来说，也是有价值的。

几十年来，在帮助校长熟悉职场方面，芬兰的工作品质一直很高。校长认为这是培养他们自身社会专业精神的重要因素。然而，他们的主要兴趣是从学校外的同龄人那里学习不同的领导和管理技能。学校与许多公司和公共机构的领导和管理部门之间建立了长期的信任关系。这些部门以实地考察和专家访问的形式为学校的日常工作提供服务。

经济信息办公室及其地方分支机构搭建了校长工作网络的主要部分。经济信息办公室为校长们量身定制了工作生活主题日，为学校发展与工作领域的联系提供资金，组织实地考察芬兰周边公司。现在，经济信息办公室也积极参与芬兰学校的发展，学校和职场之间的合作终于达到了真正让学校和学生受益的水平。

许多公司还设立了支持教育的基金,提供了大量合作机会。校长是学校的代表,基金会通过他开展合作,比如向学生提供资助。这种合作必须是公开和透明的,不能偏袒某一家公司或机构。事实上,为了做到这一点,芬兰国家教育委员会制定了指导企业与学校合作的规则。比如,规则详细说明了,如何处理这些关系相关的财务事宜。校长也必须清楚合作在伦理方面的影响,确保它不会变成市场营销或产品销售。

开放的网络,共享的规则

芬兰学校的优势之一是,愿意在横向和纵向两个方向上开展合作。学校之间没有竞争,可以分享积极的经验,在这种合作动机之下,可以将共享经验转化为地方或全国的发展项目。芬兰国家教育委员会在促进学校知识与技能的协同共享方面也发挥着核心作用,这也是教师和校长专业身份的决定性的特征。有好的想法不隐藏,而是免费或收费分享,再由同事进一步发展。芬兰在 PISA 测试中取得成功,就是因为共享精神对芬兰学校的积极发展起到了一定的作用。

在许多方面,芬兰校长自然而然地建立了强大的网络,并将自己在学校领导和管理方面的贡献视为由教育提供者和市政教育管理机构领导的教育事业的一部分。这种观点不仅能更好和更有效地利用财政和精神资源,而且还体现为一种开放的气氛,使学校之间能够相互信任。校长所制定的共同规则引导学校走向合作,从而发现不同学校之间的相同点和不同点。

共同工作和拥抱差异的风气是教育的有利资源。共享的教师、紧缩的预算以及将几所学校捆绑在一起的集中服务带来了趋同的压力。尽管如此,每所学校都可以创建自己的特色,使学校文化在整体上更加丰富。特别是在基础教育阶段,对口学校是学生和家庭最自然的选择。每个人的对口学校都与该地区的其他学校非常相似,但是,学校提供的特色内容使其有别于其他学校。

教育提供者经常组织校长之间的合作,但在此基础上,校长之间也会围绕学校工作开展的常规性、持续的非正式合作。与国家层面类似,校长和教师的许多发展项目在地方层面开展合作。除了日常领导和管理职责外,几乎所有校长都至少拥有一个项目,他们代表本地的所有学校或其教育提供者管辖的所有学校。责任分配使校长能够在工作中学习,尽管这使得时间管理变得相当困难。

与自己学校同类型的学校校长合作,对发展自己的学校很重要。然而,在发展教育时,与不同类型的学校校长合作是非常重要的。例如,高中校长应该知道基础教育是如何实现其目标的,同时也应该了解高等教育的要求和现实。此外,所有校长的职务描述都有相似之处,所以,尽管学校类型不同,同僚间一起讨论学校的领导和管理,让校长们更团结。

跨学校类型的合作扩充了所有参与者的运营工作。首先,它为学生提供了拓展学习的新机会。在芬兰,学生一旦掌握了足够的技能和知识,通常就会转到下一阶段学习。这意味着基础教育的学生也可以选择学习高中阶段的课程,或者高中阶段的学生可以学习高等教育课程。法律规定了普通高中教育提供者与职业教育和培训提供者之间的合作,这创造了一种广泛的共享学习机会。这些解决方案在全球都是独一无二的,通常基于校长之间的直接合作,以及他们对教师实施这些新合作的方式能力的信任。

不同类型学校之间的合作应该找到一种有效的方式,在缺乏非常正式的框架协议或资金往来的情况下发挥作用,目标是找到让每个参与者都能通过这种合作获得成功的方案。

“打通”的学习和创建共享的教学大纲需要学校和校长之间深度的信任和尊重。如果所有各方都不信任和尊重彼此的技能和专业精神,那么无法建立起真正的合作。在芬兰教育政治的发展中,合作和同僚对话发挥着实质性的作用。它保证芬兰这个小国所拥有的所有可能的教育专业能力,让每个学生都能享受。在这里,工作发展的重点是让好的程序变得更好。

维护法律和评估运营

校长负责学校与有关部门的合作。这种合作一部分是法律规定的，另一部分则来自有关部门、教育提供者和学校共同制订的规划。后一种合作的目的是监督和改善学校的运营补贴。尽管从校长的角度来看，大量的调查和评估是相当费时费力的。但问题是，当局为合作提供的反馈非常有限，因此，它无法直接服务于学校的运营。

学校建筑的状况以及学校工作人员和学生的健康和福利由许多不同的部门负责监测。这么做的理由和目标很容易理解，拥有保障健康和福利的学校环境是学校工作人员和学生的权利。然而，国家层面行政机构的检查与教育提供者的检查非常类似，二者之间却没有明确的协作或可能的信息交换。在最好的情况下，这些检查可以帮助发现和修复潜在的问题，虽然学校通常只会收到一份检查报告，而且报告中并没有明确的行动指示。消防和救援部门已经成为学校密切的合作者。除了定期的消防和安全检查外，他们还参与学校的疏散演习，并在疏散中心为师生提供重要的消防教育。消防和安全检查中得到的信息通常会带来后续的具体改进。更重要的是，他们为学校提供了机会，让他们与专业人士一起一一核查救援计划及其中的多种细节。专业人士对该计划在救援情境中的实际应用拥有宝贵的洞察力。

学校与警方之间的合作也拥有悠久的传统。现在大多数学校里都有一名由警方指派的当地警察与学校合作。这些警察帮助学校开展基础的法律教育,帮忙解决需要警方介入的问题。此外,警察还参与制订学校的交通和运输计划并参与家校合作。学校不得不处理一些与刑法有关的事务时,学校“自己的”警察是无价的。他不仅熟悉学校和工作人员,而且可以帮助学校确定其职权的边界。

21 世纪最初的几年,安全意识和安全文化的重要性在校长工作中显著提升,不仅因为校园暴力行为频频发生,还因为学校建筑中的健康和安全危害也在上升。校长参与学校安全文化的方式有两种:要么积极参与其中,要么鲜少关注。如果学校建筑中存在健康和安全隐患,校长必须去解决,但不幸的是,其他有关部门的参与程度往往就不好说了。有时,启动问题调查所花费的时间过长,校长们往往不得不扩大自己的职权范围,使其他官员或教育提供者做出积极回应。

除了学校建筑,校长也有责任确保教学辅助设施状况良好,并在使用教学辅助设施方面为教职工提供培训。因此,了解学校建筑并发现其可能存在的危险是校长职业素养的一部分。从过去到现在,一直都有教师和校长因违反职业健康和安全条例被起诉的案件。让学校工作人员来为这类违规行为负责有时是违背正义感的,校长应对学校的运作负法律责任。

学校与社会服务和医疗机构的合作已经相当成熟,相关举措已成为通用做法。学生福利服务、健康检查、学校社会工作者和学校心理学家服务在很多方面为学校提供了支持。然而，出现严重危机时，从校长的角度来看，卫生官员的反应时间太长，而且也缺乏人手。学生的不可控的危机意味着，校长必须代表学校社区迅速评估需要关照的学生的整体情况。在这些情况下，与卫生专业人员讨论职权划分毫无意义。

根据《儿童福利法》，受雇于教育机构的人如果怀疑孩子的福利或健康受到威胁，就有义务提交儿童福利报告。校长可以提交这份报告，教师、学校护士或其他与学生福利服务相关的人员也可以。但是，提交儿童福利报告产生的后果往往涉及校长。他们接收学生家长或监护人可能的负面反应，做出关于学校内部特殊安排的决定以确保学生的学习，还必须了解家长或监护人可能受到的访问权限制，对他们获取其子女有关信息的限制，如限制令。

国家层面的行政体制改革对学校产生了多方面的影响。此次将省级政府重组为区域国家行政机构和经济发展中心，改变了芬兰 600 年以来的基于省的行政架构。许多由过去的省级政府提供的服务在改革中消失了。自 20 世纪 70 年代以来，省级政府的作用日益减弱，在某种程度上与教育领域强劲的改革之风有关。20 世纪 80 年代，芬兰废除了学校检查，把省级政府变成了服务和接收投诉的部门，这些职能也移交给了新的区域国家行政机构和经济发展中心。

如果人们对校长所做的决策和教师所做的学生评估有质疑，可以向区域国家行政机构提出申诉，区域国家行政机构将要求校长和教育提供者提供书面报告。校长对学生录取和特殊需求教育决定的投诉负责。人们主要的不满通常是决策过程没有走流程。换句话说,提出投诉的人认为校长没有充分听取某一方的意见。学生入学的投诉也很普遍,尽管在芬兰正式投诉的总量其实很低。

虽然地方政府雇主和教育工会并不完全代表学校和当局之间的合作,但与这两个组织的交往涉及就业合同和法律咨询的许多因素,这些都是学校领导和管理所必需的。校长作为督导人员,负责监督教师的工作,须清楚了解自己在雇主与学校之间的角色。在工作场所发生的冲突中,校长通常必须征求双方的意见,或者反对雇主的提议时有自己的观点。有时情况确实很复杂,因为校长和教师属于同一个工会,地方工会代表应向他们提供同样的服务。

校长与官员之间的合作也非常广泛。学校在体育、青少年、文化设施服务等方面与当局合作,可以说,校长专业化的标志是能够让所有这些合作模块成为整体,为学校的最大利益服务。这事关学校自身的发展,以及能否成为周边社区生活的活跃分子。

第三部门的召唤

学校反映了许多社会现象。芬兰社会的特点是存在大量的非营利组织。非营利组织的志愿工作对学校来说意义重大,尤其是在体育或文化方面。事实上,学校把许多非营利组织聚集在一起,为他们及许多其他人员提供使用学校设施的可能性。许多与儿童和青少年打交道的非营利组织也可以在正常的上课时间开展工作,这需要校长进行大量的组织工作。

上午和下午的俱乐部活动是非营利组织和第三部门参与学校生活最常见的方式。由于学校课外活动经费缩减,这些活动的责任已经转移给各种非营利组织。这样由校外组织负责的活动需要校长做很多额外的工作,因为俱乐部的教官不像正式的教职工那样了解学校的设施及其用途。

俱乐部活动的责任问题使校长早已很宽的责任范围进一步扩大了,特别是安全、合理使用学校设施的问题。来自完全不同的运营文化的人和机构为学生组织活动时,学校必须保证学生拥有安全的环境。上午和下午的俱乐部活动也延长了校长的工作时间。

学校设施,尤其是学校体育馆,在放学后也经常会使用。虽然许多较大的城市已经开始集中管理城市的多种服务和设施,但实际上学校设施的使用始终是在校长的管辖之下。校长决定学校设施的使用,他往往也是唯一有时间和能力来指导使用者的人。如果在使用学校设施方面出现问题,校长通常也是唯一可以求助的人。

各类非营利组织在丰富常规教学方面发挥着重要作用。在非营利组织的帮助下,儿童和青少年可以熟悉多种社会现象和社会活动,这些内容超出了学校能力和专业知识。精心组织的访问和实地考察、表演、讨论小组和其他类似活动为学生的生活增添了趣味，并在学校和社会之间架设了桥梁。与外部人员达成协议是校长的职责，他也会为这些访问和实地考察设定一些规则，通常不是很严格的。第一，有关组织或协会应在法律范围内运作；第二，它们不是为了推广政治、宗教或种族主义。

芬兰学校与教会和各宗教团体之间保持常规和多维度的合作。芬兰福音路德教会和每年的宗教节日是学校价值观教育的一部分。但是，学校必须考虑到，他们也必须为那些有其他信仰的人提供活动来反映其价值观。芬兰福音路德教会和其他宗教的代表也在学校的宗教研究中发挥作用。他们在许多实地考察和学校访问中担任合作者，有时帮助学生加深对某些教学内容的理解。

随着学生宗教信仰愈加多样，学校在履行宗教和道德教育方面承担着越来越多的责任。学校应该明白，价值观多样并不等于价值观缺失。因此，各种宗教组织应在学校生活中发挥作用，但同时应保证个人的宗教或非宗教信仰不会受到威胁。宗教教育应该在学校进行，还是在宗教社区进行，则是另一个问题。接纳和公正的总体目标守护着学校在所有这一切中的角色。

组织活动和推进积极的公民意识建设已成为芬兰课程的主题。特别是在高中，越来越多的学生可以把课程、学习或他们在非营利组织或其他公民协会的参与纳入其学业。学校的主张是，主动学习在任何地方都可以进行，也可以在学校之外，学习是长远的、终身的过程，可以通过许多不同的方式发生。学生们很好地抓住了这些机会,这种学分转换现在已为大多数芬兰学校所接受。

你好,世界,我们来了!

国际化和全球人口流动在过去 20 年改变了芬兰学校的现实。加入欧盟是芬兰加速学校国际化的关键一步。此前几乎没有学生享有过的,由家庭提供的国际化特权,迅速成为所有学生正常学业的一部分。

校长是学校国际化的关键人物。如果他们认为国际化很重要,其学校就会变得国际化。校长的态度至关重要,因为许多教师仍然认为国际活动是额外的、脱离实际教学的。学校需要什么样的国际化,如何实现,也是问题。国际化如何对整个学校社区有意义,学校必须有清晰、一致的判断。

芬兰最高教育行政当局和芬兰校长协会大力推动学校国际化。校长是这一过程的领航员。他们得到了大量国际化的机会,不仅有为校长提供了优秀的在职培训,还为校长提供了全球学校之间充满活力的合作关系。

在国际项目的初期阶段,校长应鼓励具有开拓精神的教师负责,在跨文化和跨语言的情境中工作必然会遇到许多困难,必须让他们有机会成功,并在困难时给予支持。在工作社群中,校长必须懂得如何描述国际项目的价值,这些价值超出正式学习的范畴,理解它们可能是最基本的领悟。如果教师能领悟,将会提升其对国际活动的兴趣。

教师在学校里为学生创造国际文化。如果学校向学生展示国际化是常规教学的一部分,并将获得证书和/或课程学分,那么学校的国际化运作就有了坚实的基础。在过去的几年里,学生和学生家长对国际化运作的兴趣显著增长。现在,当比较不同的高中学校的水平时,国际化可以被视为学校的一种资产。

为了发展国际合作的数量和质量,学校应制订国际化计划,找出可能的资助机会,从教师中任命国际协调员,最后,在国内招聘新人来管理国际项目。校长也应该积极参与国际运作,因为这有助于他们找到适合自己学校的项目。与人类社会所有的运作一样,国际合作领域也有许多只是看似专业的项目。

国际化和国际化技能也成为教师招聘的主要影响因素。语言技能、国际经验和积极态度影响着教师招聘的决策。在招募阶段,校长就可以提出希望教师参与国际活动的愿望。如果他们的回答是肯定的,需要新的教师来管理国际项目时,校长就会有一名乐于参与的帮手了。

对学校国际化意义的讨论有点奇怪,因为国家核心课程将国际化和全球化列为芬兰教育的总体目标。这种讨论反映了芬兰在课程解释方面的整体问题。对高中学段的教师来说,课程通过定义其所任教的学科课程目标来实现;对基础教育学段的教师来说,通过其所任教年级的课程目标来实现;而从教育提供者和校长的角度来看,总目标更重要。因此,要使国际化成为学校日常生活中更加突出的部分,就应该把它与教学内容更紧密地相连,使之成为日常教学的一部分。

如今,国际化已经是一种更强烈、更具体的存在,因为要么教育提供者有自己具体的国际化计划,要么国际化是当地组织教学的战略计划的一部分。这为校长们开展学校的国际运作提供了坚实的基础,因为国际化不再是学校可以选择的方式,而是指导学校运营的教育政策文件中明确为学校设定的目标。然而,这并不能消除一项事实,即校长们必须继续在他们的学校里推进国际运作。

几乎所有的国际项目都有获得外部资金的机会。特别是欧盟的学校项目,在项目开始和结束时,都会以许多方式吸引负责学校国际事务的人参与。申请资金和决定如何使用这些资金,并为每个项目做预算是校长的责任。学生的国际交流几乎都需要校长的声明或推荐信。所以,校长工作已经成为一份相当国际化的工作。现在,良好的英语技能已成为该职业的基本要求之一。

再版头条

不管校长愿不愿意,芬兰的学校都是向公众开放的。只要遵守学校的规定,行为不扰乱课堂秩序,所有市民都可以过来观察教学。虽然这种市民随机访问很少，但是公开和透明的原则已经清晰地植入了学校的运营文化以及学校的立法之中。学校对公众开放这一事实在日常的学校生活中非常具体，在学校日，大多数学校的大门都会敞开，这也说明了学校作为安全社区的特点和作用。

学校也吸引着媒体的关注。拥有数百名儿童和青少年的社区总是会有各种事情发生。而且学校的多种运作如何影响学校本身或其周围环境，不可能精确地预测出。学校与社会的其他部分共存于同一时空中，尽管有时人们可能会认为学校总是想要控制其公共形象。宣传对学校来说也是棘手的话题，因为今天的学生是媒体中心时代的超级消费者，对他们来说，宣传的功能与他们老师和父母那一代完全不同。

媒体渴望报道与学校有关的故事，尤其是不愉快的事情。学校和校长们有时似乎要与不良的媒体宣传进行奇怪的持久战。令情况更加复杂的是，在学校生活之外的人看来，学校工作人员的观点毫无意义。良好的、合理的意义很容易被一种复杂的修辞所掩盖，对听众来说，这种修辞强调学校与现实的疏离感。学校应该有意识地思考学校与媒体的关系，并决定想通过媒体传达什么信息，以怎样的方式进行传播，学校必须积极地与更加多样化的传媒界互动。

与媒体建立有效关系的两个关键词是预测和诚实。学校的某些方面吸引了媒体的注意时，校长才开始制定传播策略就太晚了。校长需要能提供措辞谨慎的相关信息，并作为学校领导者对正在发生的事情洞察。

因此，校长应该考虑自己的沟通方式、与媒体和记者的关系，以及在公众视线中，对突发事件做出快速反应的能力。此外，在与媒体沟通时，校长应该考虑自己的表达技巧、媒体有效性，核实自己在媒体上呈现的信息，并能对媒体关注的话题提出详尽的解决办法。事实上，校长培训中需要增加演讲技巧、修辞和沟通技巧的内容，因为这些技巧是校长在进行公众沟通和学校内部运营时所需要的。最后，对待媒体，校长要有健康、开放和积极的态度，宣传有助于全面看待学校的日常生活和它偶尔得到的媒体关注。

被称为校长的机构

学校是社会机构。重要的是，尤其是那些刚刚开始职业生涯的校长朋友们要意识到，领导和管理一所学校不仅仅是工作，还具有很强的社会意义。学校影响着每一位芬兰人的经历，因此，这个国家的每个人都对校长职业有某种概念。事实上，除了教师和校长之外，几乎没有其他职业与所有公民都拥有同样强烈和持久的共同经验。

校长们谈论学校，也是一种社会交流。社会赋予学校大量的责任，而学校则利用教育教学提供的工具来承担这些责任。在越来越个性化的世界里，学校工作人员应该牢记，我们的专业角色代表了芬兰社会赋予我们的责任。虽然做市政公务员不是芬兰教育工作或领导工作的核心，但这仍然是每位教育工作者的职责。

知识分子的概念在芬兰和许多其他国家已经被重塑了好几次。不管这个定义是更宽泛了还是更狭隘了,芬兰的教师和校长无疑属于知识分子群体。他们都有学位,这为他们的思维方式奠定了共同基础。如果我们看芬兰的城市地图,尤其是那些较小的城市,学校的工作人员构成了这个城市拥有学位的人的主体。

教育专业人士是芬兰社会中有影响力的人,这一事实是芬兰教育历史和现状的重要组成部分。教师培训和校长的领导和管理技能是有用的工具,表现在政治活动或影响社会的其他方式中。事实上,教育专业人员在地方和国家政治中都是举足轻重的人物,而且教育工会用活动方案加强教师在政治决策中的地位。

担任校长传统上包含了强大的群体影响力。学校仍然是许多公共活动的中心,校长作为学校的责任人,他们批准或拒绝外部人员使用学校设施。通常校长们会使自己的学校成为社区的活力中心,但校长也必须记住,学校不能举办违反法律或违反基本人权的活动。即使是在非学校活动方面,学校始终是社会结构的组成要素,因此经常受到异常严格的审查。

今天,多元化的芬兰社会对校长的行为没有特定的期望。但是,这份工作有一定程度的公开性,对学生与其家庭有着深远地影响。校长应该意识到这种公共性和社会的可见性。通常这种可见性与人们之间的日常交流差不多,但在较小的社区,即使在下班后,校长也很难摆脱其职业角色。

家校合作

对学生的家庭来说,校长是他们在学校里遇到的第一个人,也是离校时送他们离开的最后一个人。学生初入校时,校长向其致以问候;校长为其签署证书,则标志着学业的结束。校长是多技能的专业人士,他们确保学校日常工作的顺利进行,在学校所有活动中扮演重要角色。有时校长还需要履行一项职责,站在学校的官方立场向家长或监护人提供学生的情况。

在学生家庭中,校长通常有正面的公众形象。他们的作用是在家庭与学校之间搭建桥梁,行动范围往往比教师更广泛。这主要是因为在谈论学校和教学时,校长可以保持一定的距离和匿名性,但教师的信息往往会自动地与某群学生或某个学生相连。因此,每所学校都应该明确界定教师的沟通责任与校长的界限。这与沟通的内容和沟通的意义有关。

学校面向家庭沟通时,沟通的内容和特点应该经过深思熟虑。这种交流中的不愉快往往是与遵守校规或学校运营中的负面问题有关,为家校沟通寻找积极的基础是有益的。教师们通过电子交流渠道给学生们很多积极的反馈。校长也应该在家校对话中发挥更大的作用,甚至应该找到自己的方式来发起这种交流。几乎每个学生家庭都能在学校电子沟通平台上看到校长的博客、个人信息或报纸社论。

大多数校长可以根据学生的家庭来定义他们的公共角色，但有时很难让学生家长注意到专业角色背后的私人角色。许多人认为，校长总是在工作状态，总是准备讨论与学校有关的话题。因此，校长应该想办法尽量减少这种工作时间外的参与。这事关校长工作的幸福感，也不应把校长的权威延伸至不属于它的领域和时间。这并不是说校长作为普通公民，不应该干涉在他们工作时间之外发生的学生不良行为。但是，他们没有权威，更不用说在这种情况下的纪律权威。在这种情况下，校长很少被视为普通公民，在他们的日常生活中，职业和与之相关的地位总会多多少少存在着。

为大众服务

在学校与大众的对话中，校长是学校公认的领导者。如果有什么负面的内容需要表达，市民想与学校分享他们的问题，通常收到信息的是校长。对一代又一代的校长来说，这些问题几乎没有什么变化。对学生吸烟、不良行为的抱怨，或者学校环境不整洁的问题，通常情况下，这些市民反馈的潜台词是学校纪律太松懈，而且一代比一代更松懈。

每个公民对学校都有自己的看法与愿景，他们经历过严格的纪律文化，而且这种纪律文化从未被质疑过。在他们的童年和青少年时期，学校是公平、合理的，这样的主观错觉强化了他们对学校的看法与愿景。每一代人都设法与现有的制度保持距离，这意味着今天学校里发生的事情并不比过去更疯狂。事实上，成人的记忆并非他们童年和青春期的现实，这使得情况非常具有挑战性。因此，要解决这个严重的问题，明智的做法是尽力解释影响今日儿童和青少年及其行为的原因和现实。

最近，芬兰涌动着一种奇怪的敌对文化。这种文化以负面的眼光看待儿童和青少年。2013 年 PISA 的结果公布后，这种文化突然引起了公众的注意，将芬兰成绩的下降归咎为学生的懒惰和无知，尽管大量重要的社会变革和趋势是产生这一结果的背景。学校不应该滋长这种敌对文化，恰恰相反，校长应该向学校社区以及校外的社会发出强有力的信号：儿童和青少年是我们的未来，用积极的立场来看待他们是学校最重要的财富。

学校的成功和学校工作的成就，往往被认为是校长的领导和管理能力与教师的专业能力结合的结果。对外部人员如机构和组织来说，校长是最顺理成章、容易合作的人，各种各样的请求、认证、资金和其他外界，都是通过校长找到他们正确的目标。在日常工作中，校长还经常被要求批准实施数不清的计划，这反映了校长作为领导者的重要角色，以及他们对学校生活方方面面的影响。

TOP CLASS

Finnish school leadership and management

学校的领导与管理如何发展

任何学校想要发展都需要让教师能够得到高质量的在职培训。代课教师及其服务费用,以及其他编制问题是在职培训的主要障碍。此外,校长的弹性工作时间似乎导致了一种情况,他们更愿意花自己的自由时间参加在职培训。

教育政治中有一种强烈的意愿支持校长的在职培训,尤其是芬兰国家教育委员会,在芬兰学校的领导与管理发展中起着重要作用。它使用各种渠道的资金,结合国家、国际和地方的需求,为校长提供全面的在职培训。同时考虑到教育与文化部提供的、用于发展学校领导与管理能力的大量资金,只能得出结论,至少可以这么说,校长的在职培训在芬兰正蓬勃发展。

批评意见主要针对目前在职培训的碎片化和短期性。此外,每年在职培训的资金预算和多轮申请占用了教育提供者大量资源。强制性的主题使得机构提供的培训大同小异。而且很显然,对一个小国来说,类似的培训课程不会有太多需求,不管它们分布得多么好,已经覆盖到所有区域。但是,在过去几年中,这些问题已经逐渐引起注意,并开始向更长期和多维的在职培训课程转变。

芬兰教育界的特点是,在校长在职培训的规划方面,教育计划制订者、教育提供者和校长之间有强有力和多样化的合作。国家战略性的教育政策目标是与该领域的专家一起讨论制定的,因此培训能够满足学校领导和管理的真实之需,并以最好的方式促进其发展。校长们自发启动的活动也可以被采用,因此可以得出结论,即学校领导和管理的在职培训是芬兰教育盛行信任文化的又一个例子。

从雇主的角度来看,校长属于教育提供者领导和管理团队的管理者之一。教育提供者拥有自己的教育政策或战略动机来培训管理者,使其具备满足地方或区域发展需求的能力。本地的在职培训通常是为了获得必要的技能,以掌握新的行业工具。申请公共资助后,校长更倾向于接受网络式的区域在职培训,这也是资助机构即芬兰教育与文化部和芬兰国家教育委员目前重点支持的。

校长和上级

市教育行政部门的官员通常曾是教师或校长,因此,校长与他们一起合作发展学校,学校的领导和管理是在共同的教育背景下进行的。在较大的城市,校长的上级可能是副市长或其他同级别的市政官员,这表明了教育系统对其提供者的重要性。最近,许多地方教育服务机构规模庞大已经成为问题,因为它使管理者的时间管理变得过于分散。在小城市,校长们没有上级,他们经常在履行校长职责的同时,兼任市教育与文化部门负责人。

扁平的管理结构创造了区域校长制度,帮助教育提供者加强学校运营。有些区域校长是其他一些校长的上级,但更多的是在课程发展或财务管理等领域组织学校间的合作。区域校长制度主要用于大城市,那里的学校网络由大量的学校组成。区域校长不一定有自己的学校,但如果有的话,他们大部分工作时间也是用在区域校长的职责上。

在校长与其上级之间的常规工作分配中,重点是沟通正在进行的计划和各项工作的推进情况,通过团队和合作伙伴完成课程开发工作、教学资源分配及各种合作项目。比如,国际化形成了一种持续的、自然的互动,在最好的情况下,可以提高所有相关人员的专业技能。上级也可以把责任分配给最适合的人,这意味着每位校长最强的专业技能被用于造福所有学校。这种观点和流程的公开交流是芬兰学校发展的特点。

在芬兰,上级会将校长与学校教职工代表组成小组,审阅当前的议题及长远的战略计划。这种方式很常见。所以,这些指导小组所制订出的发展计划既反映了教育提供者的坚定决心,也反映了校长实施这些计划的承诺。这种指导小组的工作方式很有趣,因为它缩小了单一学校的自主权。作为指导小组的一员,校长必须权衡共同利益与自己学校的最大利益,这使得有些决定很难接受。

专业发展和表现评估是上级们传统的发展工具。他们通常是基于对学校和工作社区的评估或员工问卷来进行。虽然芬兰已成为国际知名的外部检查很少的国家,但并不意味着完全不评估。它只是基于不同的思维方式,目的是寻找一种类似过程的方式以发展核心能力,而非寻找错误和失职之处。

校长的专业发展和表现评估的主要目的，是了解其在整体中的情况。年度评估让校长有时间审视学校的发展路径和发展方向，以及在解决问题方面所取得的成功，但其中最重要的部分，是全面了解学校的现状。对所有校长来说，花一点时间了解学校的发展方向、教学重点、成功故事以及所遭遇的失败都是有益的。如果一些阻碍学校运营的问题已经以创新的方式解决了，这种分析也会为校长带来一份特别的快乐。

职业发展和表现评估的另一方面是分析自己的工作和工作描述。校长自己的优势在哪里？在工作的某些方面是否出乎意料地消极，抑或在某些方面是否也有令人惊喜的积极？在教学领导方面，过去一年生发了什么样的思考？此外，许多校长在教育领域还兼任其他专业职位，专业发展和表现评估使他们也能够评估其作为协作网络成员的工作。这也包括寻找新的职责或在同事之间轮换工作职责。

工作中的幸福感是职业发展和表现评估的主题之一。校长如何处理工作，如何管理工作时间，是很重要的。考虑到这一点的时候，也会思考在这个等式中，校长是否还有可能承担额外的工作职责。双方应探讨雇主如何为校长在工作中的幸福感提供支持，以及雇主如何协助校长在责任满载的工作中保持高水平。尽管工作量巨大，校长们通常还是很喜欢他们的工作。职业发展和表现评估之所以有趣，还因为它也会不可避免地显露出雇主在工作中的幸福感。校长日常工作中常常会通过授权来与学生合作。但不幸的是,大多数校长的上级很少这样做。

在专业发展与表现评估期间,校长及其上级应共同制订在职培训计划。这份计划部分依据国家教育政策的变化或教育提供者自身目标的变化所生成的需求来制订。校长也必须评估自己的工作,并找出符合个人发展所需的在职培训机会。校长想要参加超出自己能力范围的培训或发展项目时,上司的支持是必不可少的。

职业发展和表现评估的一个方面是,更好地理解校长与其上级之间的工作分配。一方面,教育性背景组织的总体目标指引着校长与其上级的责任,上级也有更直接的政治责任;另一方面,校长必须对学生、学生的家庭和教师负责。这些责任使我们很容易理解财务或战略决策是如何造成冲突和压力的。校长与其上级都应该认识到他们职责中的这些差异,并以找到既服务于教育提供者,也服务于学校的解决方案为目标。但是,寻求一致不应妨碍批判性的讨论,因为双方都需要评估活动的敏感度和意义。

发展学校——一种国家责任

在当前的形势下,由于地方权力的增加和区域控制的减弱,校长对教育政策的发展有很大的发言权。芬兰教育系统崛起为全球领先的教育品牌,是因为真正的教育专业人员的专业技能得以确立。共享责任和信任带来的回报是大家高度参与并且致力于发展芬兰学校。这项工作主要由校长的雇主自愿推进。这阻止了竞争的文化,并形成了一种运营模式,这种模式以分享为核心思想。

芬兰国家教育委员会在这项工作中发挥了特别重要的作用。芬兰国家教育委员会前总干事尤卡·萨拉(Jukka Sarjala)在 20 世纪 90 年代提出一项教育政策战略。第一步,争取芬兰校长协会对芬兰国内外教育发展的承诺;第二步,使校长的专业技能更接近发展工作的中心。教育领域对新学校的发展有很大的发言权,共同的目标提升了对发展计划的承诺。

芬兰国家教育委员会提供的多种项目和参与课程规划的机会,也为校长的专业发展提供了很多机会。一方面,校长们把自己在地方学校的实践知识带到国家框架中;另一方面,他们在国家教育政策中获得的综合技能也可以服务于学校的日常工作。此外,芬兰国家教育委员会在校长的多种在职培训活动中起着重要作用,这也成了天然的招聘渠道。新的、有前途的校长人才可以很快被发现,并很容易收到邀请,获得参与下一次发展国家教育的机会。

虽然这种发展方式很容易会将重点放在某一位特权校长的身上,但芬兰国家教育委员会在利用本国校长的专业技能方面是平等的。他们的工作广受赞誉。因此,共同的专业精神得到加强,以覆盖全国各地并涉及不同的学校类型,同时在学校领导和管理与最高教育当局之间建立了独特的合作。

芬兰教育与文化部的角色与芬兰国家教育委员会不同,但他们也有意识地利用校长在委员会工作中以及作为独立专家方面的专业潜能。校长既会参与基础教育和高中教育的课时分配工作,也会参与教育政策的制定。虽然许多此类准备工作都会签订保密协议,但教学人员仍有机会讨论和评估委员会工作的总体方向,并让参与政策制定过程的校长作为发言人来传播他们的观点。围绕当前教育政策应采取的方向开展普遍讨论,以提高知识和技能的总体水平,也更容易预测教育未来运营的方向。

芬兰国会的教育与文化委员会为教育专业人士对教育立法改革的问题定期举行听证会。芬兰校长协会和校长在这些听证会上发挥了重要作用。他们实际的观点得到重视,毕竟,校长应该能够依法进行学校领导和管理。参加国会委员会的工作是公民义务。虽然不同专业的人士有各自的利益诉求,但从本质上看,这项工作的基本目标始终是促进学习以及芬兰学校的发展。正因为如此,在这种情况下,把学校生活的实际情况纳入讨论具有特殊的价值。

芬兰地方协会和区域当局协会从地方当局的利益出发,利用多种校长网络制定自己的教育政策方针。它们也认为传播自己的信息非常重要,因为芬兰的大多数校长为市政组织工作。此外,市政当局的挑战,尤其是财政方面的挑战,对学校来说也是真正的挑战,这使得分享财政问题的信息和围绕这些问题展开讨论变得至关重要。同样重要的是,要使公众认识到教育决策的代价,因为在紧缩的财政前景下,新的开支意味着市政府内其他业务需要改组或缩小。

教育工会已通过教育领导及管理咨询委员会与芬兰校长开展合作,保障芬兰校长的薪水和工作时间具有良性发展。教育工会也与校长就教育政策的大方向开展持续讨论。此外,它还在芬兰各地组织自己的区域性的领导和管理培训。过去数年,教育工会大力推动了校长的工作,并开展了真正的头脑风暴,务求在质和量两方面确保芬兰学校的领导和管理,使教师获得最佳的管理支持。

在普通教育发展工作中,全国中学毕业考试工作最具代表性。这些考试在许多国家都是高度保密的,它们在计划阶段很少考虑一线教学人员的意见。在芬兰,实施和发展大学入学考试的大学入学考试委员会,数十年来,一直在咨询校长的意见。这些操作通常在委员会中进行,但也会通过日常的沟通来解决手头的问题。此外,由大学入学考试委员会提供的覆盖全国的在职培训,也使得一线的教学人员能够参与大学入学考试的开发工作。

人们很容易认为上述的教育发展工作只涉及一群特别积极的个人。在芬兰这样人口不多的国家,个人对整个职业的间接影响非常显著。只要有一部分人参与了国家教育发展工作,就意味着通过校长的本地网络,整个教育界可以对这些发展方向有高度的认识。芬兰文化特有的低层级、扁平化的运作模式在学校生活中尤其有效。学校专业人士只需给影响国家教育政策的人打个电话或发一封电子邮件，其中很多是熟人，或者是同事的熟人。这使得所有校长都有机会参与教育政策的讨论。这种不费吹灰之力的国家影响力对行业的发展是极好的机会和竞争优势。

校长是校长最好的朋友

校长是校长最好的朋友，这句话千真万确，甚至也可以说校长是校长最好的导师，实际上已经成为芬兰全国校长培训的一部分。芬兰校长协会也秉持了这种专业导师制，40 年来，一直致力于校长发展的工作。通过其区域组织，芬兰校长协会联合全国各地的校长，为他们提供参与同僚讨论、交流意见和个人专业发展的机会。

芬兰校长协会为其会员组织各种在职培训及其他活动。在职培训的目的是维持、发展和深化校长的专业精神。此外，另一个重要的目标是提升校长在工作中的应变能力。芬兰校长协会的 22 个区域组织为其区域内的会员安排在职培训课程和活动。

芬兰校长协会在国家教育政治中具有独特的地位，校长们在这里实现专业成长。该协会努力影响继续教育和在职培训的方向，并在培训的内容和方法上取得了成功。与此同时，芬兰校长协会自身在在职培训方面也成了越来越专业的组织者。每年都会举办高质量的培训活动，令人印象深刻。这些活动的独特之处在于,参与者的主要支出由政府的资金承担。

通过校长协会,校长们对芬兰教育政治的走向了如指掌。芬兰校长协会作为芬兰教育政治的实施者,十分重要,教育政治领域的所有重大改革都是其官方运营的一部分。该协会可以说是“一所教授校长实际工作的大学”,因为它为其成员提供了观察、影响和实施他们自己以及共享的教育政治愿景的机会。协会也为校长搭建了全国网络。网络为校长们提供宝贵的支持,尤其是遇到棘手的专业问题时。

芬兰校长协会为活跃的成员提供机会,助其在教育政治上发挥更广泛的影响力,比如参与校长教育政策方案的制定与发展。参与论坛、报告以及地方和国家教育改革的机会,都需要将校长个人的工作作为芬兰教育系统的一部分进行多维度的分析和发展。

做校长常常是孤独的,尤其是在做决策的时候。校长做出的许多决策直接影响人们的生活。一切全都发生在一瞬间,流程、项目和灵活的选择在这种时候等同于犹豫不决。在这种氛围下,实际的决策似乎主要是使用权利,这使得校长们在自己的工作场所很少能够深度理解自己的同事。因此,其他校长的同僚支持是其工作发展和工作幸福感的重要组成部分。

芬兰校长协会的主要目标之一是为其成员提供相聚的机会,并在有组织的环境中自由交流经验。一些雇主也意识到了校长团队在工作场所中的幸福感的重要性。一位校长可能对其同事在工作中所面临的冲突、压力有最好的理解，同样，另一位校长也比其上级更了解工作中的积极方面与发展空间。

校长在工作场所中的幸福感对整所学校的幸福感有重要的意义。校长可能会出现的疲惫、沮丧和其他任何负面情绪，都会以某种令人不快的方式反映在整个学校社区中。因此，校长必须不时地停下来审视自己的行为和管理：我是一名鼓舞人心的领导者，还是一个阻碍发展的人，抑或是喜欢用简单的方法解决问题的人？同伴评估是对自我剖析的有益补充，因为一个人很难诚实地、分析性地评估自己的方法和工作质量。

学校世界正变得越来越网络化，同事有时是一个人必须能够与之合作的无法避免的人。校长需要通过不同的合作模式，为学校制定良好的、激励性的共同目标。这些操作为信任文化创造了机会。信任是必要的，特别是合作的重点是财政削减或业务精简时。

向世界其他地方学习

校长工作日趋国际化，因此也提供了更多不同种类的在职培训。在全球范围内，学校管理和领导都被视作高质量教育的重要保证，通过大量甚至部分交叉的培训得以实现。英语已成为校长最重要的技能之一，因为他们需要在国际网络中保持日常联系。

欧盟的在职培训项目广泛聚焦于教育领导和管理。这些培训项目中，ARION 和 CEDFOP[①] 的内容有些零散，但校长有机会远离满满当当的日常工作，与来自欧洲各地的同僚见面，就学校管理、领导力和教育政策交换看法、分享愿景。这些在职培训活动是国际化的校长与其学校开展长期合作的重要途径。欧盟支持的这些学校项目和学生交流项目也涉及校长职权范围内的许多决策，这也加强了他们在国际化方面专业能力的发展。

CIMO 是芬兰的一个国际流动与合作专家组织，也是芬兰教育与文化部的中介机构，为芬兰提供了大量国际化在职培训和发展样例。CIMO 的作用是服务教育工作人员和学生，包括申请各种国际项目，资助和实施这些项目时提供建议和具体指导。芬兰教育专业人士非常荣幸有 CIMO 这个合作伙伴，因为他们是其在欧洲市场中最可靠的合作者之一。

芬兰校长也经常使用欧盟提供的在职培训项目。另一方面，芬兰教育在国际上受到普遍关注，令人惊讶的是，欧盟在职培训项目对此提供的相关信息却寥寥无几。

芬兰国家教育委员会也在支持国际化方面发挥作用。他们利用校长作为其国际项目的专家顾问，并通过芬兰校长协会将其在职培训的资金

① ARION 和 CEDFOP 是欧盟的一个校长服务项目。起初名字是 ARION，后来改为 CEDEFROP。欧盟每年都提供大量校长与教师在职培训课程。通常一周的课程会涵盖几个主题。欧盟会为参训者提供一定数额的学费、旅费和住宿费。课程结束后，校长需要向欧盟国家办事处报告，并将收据等材料寄给他们。

用于发展芬兰校长的国际化技能和国际网络。这种在国际化问题上的一致性也有助于教育行政官员和校长之间建立其他形式的合作。

芬兰校长也大量参加欧洲校长协会(European Schoolheads Association，简称 ESHA)和国际校长联盟(International Confederation of Principals，简称 ICP)组织的会议。事实上可以说，参与这两种会议开启了芬兰校长的国际化进程。芬兰的参与很广泛，芬兰代表团常常是许多会议中人数最多的代表团。芬兰在这些组织的运作中也有突出的表现，芬兰校长 Eeva Penttila、Jukka Kuittinen、Jorma Lempinen、Antero Penttila 和 Ari Pokka 曾作为主席或理事会成员影响了这些国际组织的运营。

教师不会消失

校长都曾接受过教师教育，虽然教学职责是其工作的一部分，但管理和领导责任使校长职业与教师职业有明显的区别。然而，校长必须跟上教师的发展和变化，否则会使其对学校这个专业组织的领导和管理变得异常复杂。话虽如此，校长不应认为自己可以同时承担教师和校长的双重角色，教学领导并不意味着校长应该是学校里最好的，甚至全校最好的教师里的顶尖教师。除了密切关注教学领域的总体发展外，校长还应了解教学的发展方向。

如今，教与学与正式学习和非正式学习之间的差异密切相关。许多校长已经深入研究了非正式学习的领域，并勇敢地将其与传统教与学一道推广。这是教学领导的强烈信号：管理由专业人员构成的组织必须依据充分、正当的理由。毕竟，非正式教学打破了传统的教学，并要求整个学校以一种新的方式评估其工作。

寻找一种新的教学形式时，校长必须从自身做起。校长职业是主要围绕信息的领导，因为他们必须寻找信息和处理信息。同样的现象在所有的学习组织、学校和学生群体中都很明显。学习是用新的还是传统的方法，在很大程度上取决于校长的选择。最后，重要的不是方法，而是校长的选择是否符合学生整体的最佳利益。就教师的角色而言，对学生整体最大利益的诉求是耐人寻味的——教学的目的是取得好的“成绩”，还是整体的理解过程和获得新技能？

教师对校长的专业发展至关重要，与教师的讨论塑造着校长的领导愿景。校长可以尝试做一些不同的事，或者保留现有的运营模式。涉及教师时，校长必须始终看到学生作为接收端的角色。打个比方，如果收信机不能调到学校的频率，就必须找出，问题出在发报机还是收信机。不管正确答案是什么，校长的责任是创造尽可能愉快的学习氛围。

TOP CLASS

Finnish school leadership and management

芬兰会继续保持顶尖水平吗

幸运的是,校长工作的未来始终是教育政策讨论中的核心议题。学校领导和管理被认为是教育发展的关键问题。新建的、规模越来越大的学校带来了新的挑战:在运营现有的学校时间、资源已经不足的情况下,如何以及用什么样的资源来管理规模更大、更多样化的学校?此外,目前的发展已经显示出,提供给学校领导和管理的支持措施将不会再增加,但期望学校为整个教学过程的成功负责。

学校网络的变化和合并将会成为校长日常生活的一部分。多个分校都纳入校长的管辖之中,校长自己学校的概念会变得模糊。随着学校服务结构的变化,校长职业必须更加强调平等和公正的原则。童年的不平等迫使学校不得不为那些生活境况复杂、不得不花很长时间往返于学校与家庭之间的孩子,或是因为上学不得不在青春期离开家庭环境的儿童和青少年考虑。远程学习怎么样?它如何影响学生的归属感?缺乏传统的学校社交如何影响儿童和青少年的成长?必须保证所有儿童和青少年都以合理的方式接受教育。

社会所面临的转折点必然会影响学校的日常生活。女孩和男孩在学业成就方面的两极分化越来越严重是学校发展面临的重要挑战。很难相信这种变化与校长完全无关。为了让学校成为孩子们都感兴趣的地方,男孩更愿意参与什么样的教育世界?学校获得社会声望的途径也在发生彻底的变化,这意味着学校必须对自身的存在和重要性给出越来越充分的理由。如果校长的领导方式缺乏新的深度,仅靠纪律和规则是无法在芬兰建立新的学校文化的。

学校的领导和管理

在过去的这些年里，对学校领导和管理的讨论经历了几个不同的阶段。学校从许多商业顾问那里学习了领导力课程，在此之前，他们曾把同样的理念卖给企业。在刚刚过去的一段时间，考虑到共同领导的可能性，我们把组织分成了几个团队，区分了管理、教学和人事的界限，计算了不同运营方式的价格，并熟悉艰涩的商业思维——有人试图把校长变成陪练伙伴或顶级球队的教练。将这些方法和在职培训课程相结合的原因是它们的时间周期短，作为学校领导和管理的指南，其应用性也各不相同。

芬兰学校保持了父系和母系领导的现代概念，学校与其校长相似。这不仅仅是家长和学生的口号，校长及教育政治的缔造者也希望如此。校长依然被认为是有魅力的领导者，在某种程度上，这是处于领导地位的每个人都渴望的——尽管这份工作实际上更多是靠网络和共享领导。校长们在某种程度上不情愿地继续扮演着孤独而强大的领导者的角色。然而，在某些情况下，这也成为对许多管理谬论的反击。

作为校长和芬兰教育的推动者，现实尤其是芬兰学校的未来迫使我们反思：我们还能只靠自己管理学校吗？独自工作不适合现代学校和现代的工作生活，两者都更强调集体参与的意义。我们周围世界的变化需要一种新的领导概念。规模更大的学校、不断增长的区域责任迫使我们重新思考学校的领导和管理。除了讨论校长的专业化转型外，我们必须开始另一项有关所有教育管理结构的讨论。这一概念需要比共享领导模式更加综合。共享领导模式的成功取决于教师对承担某些领导和管理职责的意愿和可能性。

我们应该把学校的管理结构当作整体来看。谁的参与是必要的？在决策过程中谁参与是合适的？谁的运营影响学校的运营，学校应该影响谁的运营？在师生人数众多的新学校，从任何人道的措施来看，都不可能由一位领导人来管理。在这种情况下，责任该如何分配？因此，我们应该考虑建立一个比校长和副校长组成的管理结构更大的管理结构，而不是发展传统的学校领导和管理形式。这一点目前尤为重要，因为学校越来越大，它们对周围社区的影响也比以前更大。

新的管理结构对学校及其合作者都将是挑战。校长必须能够以连门外汉都能明白的方式去说明和解释学校的目标。更重要的是，校长和教师必须能够把他们独一无二的工作看作是许多不同职业和工作描述的一部分。这些技能融合成共享的能力，使学校获得成功。至关重要的是，学校要有一种管理结构，让所有与学校运营有关的人都参与决策。

我们考虑学校领导和管理的未来时，重要的是考虑其功能与结构。

管理结构是校长成功完成其工作的工具。或者,更好的是,它应该是这样一种工具:明智的教育政策决策者不会认为合并学校就可以减少管理支出、节省费用,而是通过资源分配实现有技巧的领导和管理,以及管理结构的重构,使学校能够有效地接触周围的社会,并为教学创造一种合理的、长期的资源分配,从而使芬兰的儿童和青少年获得最大利益。

在校长职位空缺无人问津的情况下,我们应该考虑学校运营所需的理念和信息工具。如果它能树立这样一种公共形象:为了真正的成功而工作,并有机会运营一个规模合理的组织,学校领导和管理将会继续是有趣和具有挑战性的职业。这意味着教育管理或教育提供者的组织必须有人员参与普通教育的讨论和决策。这也意味着有机会建立一种新的领导和管理文化,这种文化重视学校生活中所有各方的责任和作用。

管理结构的重构也改变了领导的性质。管理运营和处理状况越来越变成预测性的共享规划。最好的情况是,这项规划包括与学校运营有关的所有各方,从食品服务到交通和运输规划、从校园维护到卫生服务。这种运营模式让校长办公室从忙乱的问题解决中心转变为操作间。在那里,几位专业人员各司其职,在正确的时间和地点顺利地处理其职责范围内的工作。这种管理结构可以让校长更好地关注学校的教学领导。

向着“校长之为校长”的核心

很久以前，那些对芬兰教育政策影响最大的人就意识到校长的职业是如何变化的，因为他们的专业成长与教师完全不同。这两种职业都涉及很强的专业知识，它们在课程和学校特定的目标上是一致的。然而，日常工作和校内外的职责定义了教师和校长两种职业之间的巨大差异。获取越来越多的跨学科专业能力对学校的领导和管理培训以及教师教育都是挑战，而芬兰校长正是通过这种能力来实现其专业目标的。

学校领导和管理培训已明确将重点放在与专业最相关的主题上，特别是其在教学领导方面的多维度发展。课程与课程实施也变得越来越重要。毕竟，课程是校长最重要的工具，许多日常管理决策都是围绕课程的不同应用。特别是最近几年的情况表明，课程和财务明显地交织在一起。如果缺乏远大的教学眼光，甚至是顿悟，学校领导和管理人员也可能转变为绝对被精简的人，而无须深入考虑可用的教学机会。

学校管理和领导培训的未来应该成为某种类型的教育保障或义务。刚结束培训的合格校长在实际管理学校时通常是新手，从教师到校长的转变需要时间。如果新校长之前没有任何学校工作的经验，而且校长是他们第一个专业职位，那将是更大的挑战。因为有条件的任职资格的概念在芬兰并不常见，也不应该是新校长这一职位，相反，在职培训计划应涵盖三至五年，这将保证新校长彻底熟悉自己的工作。

许多组织已经尝试为校长制订导师计划，让更成熟的校长担任年轻校长的导师。这种模式的应用已经在于韦斯屈莱大学的教育领导学院初见成效，但是还需要将导师计划扩展到在职校长。我认为，芬兰校长协会可以在组织全面的导师制项目中发挥重要的作用。这个项目将在宽松、自愿的基础上开展，从参与者自己的动机出发，而不是遵循特定的程序。

国家层面的在职培训应考虑校长在未来数年专业能力发展所需的核心技能。更重要的是，应该培训尽可能多的校长来认识教育政策中最重要的问题。这是加强校长在教育政策中作用的问题，并确保国家改革议程能够影响到全国所有学校和教师。

设计学校的管理结构时，建议提高助理校长的资历要求，使他们也具备校长的资历。这将为学校管理结构的发展带来额外的价值。另一方面，这也可能会产生问题，特别是在过渡时期，可能很难为每所学校都找到一位合格又有意愿的助理校长。因此，必须考虑到学校的实际情况，并为实施这些任职资格改革留出足够的时间。

与助理校长的资格要求相比，加强教师的管理技能对学校管理结构的发展更重要。教师教育已经涵盖不同类型的校长面试，但它还应该包括一个学校管理和领导的模块，也可以作为校长研究的跳板和招聘平台。我相信，许多有抱负的教师可以在这部分研究中认识他们的管理和领导技能。这一技能领域也可以在教师教育中得到测试。然后研究可以扩展到校长的资格。

于韦斯屈莱大学教育领导学院对校长工作的学术研究有了可喜的进展。尤其令人感兴趣的是,许多校长在他们的职业生涯中仍然很活跃,不少已退休的校长也非常积极地参与研究。这项研究提供了很好的工具,以发展自己的工作和世界范围内的学校校长网络,同时也是优秀的导师资源,必将在未来得到越来越多的应用。

教育管理和领导力培训的未来显然是国际化的。芬兰在校长的基本培训方面做得很好,但我们可以向其他国家学习,以更系统、更有效地安排进修和在职教育。从个人工作发展的角度看,真正的国际培训既包括校长的任职资格教育,也包括保持专业能力的教育。国际维度为校长的专业成长提供了许多针对其长处和发展领域的宝贵意见。

可衡量与不可衡量的价值

21 世纪的头 10 年,衡量学校成绩和国家竞争力已成为一种奇特的趋势。2012 年国际学生评估项目(PISA)结果公布前的那段时间甚至还有一些有趣的特点,因为美国和其他一些国家的教育代表轮流预测和担心 PISA 结果的公布。即使在芬兰,人们已达成了一种长期共识:标准化考试和其他教育排名体系会为建立在平等基础上的学校体系带来有害的影响。但当芬兰失去欧洲最好的 PISA 国家之位时，这种歇斯底里变成了全国的自我惩罚。各种评估及对评估结果的公开宣传都在增加，可以部分地解释这种竞争性的发展。

或许是由于在 PISA 测试中的成功，芬兰避免讨论标准化测试和所有学生都需达到的许多衡量标准。我们应该鼓励这种芬兰的生活方式和态度，把重点放在发展教师、领导、学生参与和学校文化的方法上，让它们共同为学习和学习的乐趣服务。另一方面，芬兰对一些偶尔出现的信号并不陌生，即教育现在主要由市政当局管理，应该有更多的国家控制。这条路可能会不可避免地导致标准化考试和学校检查制度的复苏。

在某种程度上，国际教育界一方面赞扬自治的芬兰学校，另一方面却对各种窄化普通教育愿景的评估和衡量框架给予重视，这很奇怪。考虑到 PISA 的评估其实证明了国家标准或标准化测试与提高学生的技能实际上并无多大关系，这会让人更加困惑。相反，它把教育系统变成静态的结构，专注于考试准备，几乎没有留创造和实验的空间。简而言之，它制造的对评估失败的恐惧远大于对发展的憧憬。

国际学生评估项目（PISA）也需要仔细审查，并讨论它在培养学生技能方面提供的信息的可靠性、相关性。这是一个相信国家教育未来和愿景的问题，也是一个在尽可能复合的专业能力上构建未来的问题。如果教育政策决策者每隔一年就来一次政治上的 180 度大转弯和重新评估，对学校是有害的。各种教育“真理”委员会也很难找到国家教育开发者尚未发现的“点金石”。充斥着各种排名的世界只会把政治现实变成一种氛围。在这种氛围中,为了证明其在发展教育方面的作为,必须迅速改变现状,而非仔细地分析和深思熟虑地改变。

我们应该去观察学习带来的那些无法测量的价值,甚至超过 PISA 评估和其他各种评估,学校在内容教学方面成功程度的研究。标准化和测量严重窄化了学校的世界观,同时,消极的评价结果在包括芬兰在内的许多国家激起了对儿童和青少年的奇特的敌对态度。然而,学校对儿童或青少年的意义远比他们在一两门学科上的能力要深远得多。讨论学校作为知识和技能的生产者和积极公民的培育者的意义时,应该更多地突出学校里的价值观教育。

谁想做校长?

目前,有关校长工作发展的讨论,国内外非常相似。教育家和校长们最大的担忧之一是这个职业的吸引力在下降。造成这种趋势的原因在芬兰和国外也很相似。工作的无限要求,组织高品质教育的内外部压力与日俱增,无法使最具潜力的候选人投身学校的领导和管理这一领域。此外,考虑到校长的工资与增加的工作任务和职责缺乏真正的关联,对于这一职业未来的消极态度就应运而生了。

我们早就应该规定校长的工作时间,特别是在面临着迅速而彻底的代际变化的情况下。初入职场的新教师已不再把工作看作是一件有无穷责任和要求的事。工作生活应该是有意义、有挑战的,它应该为员工提供定期反馈,但不应该定义为一个人的全部生活。成为自己生活的主人的重要性、拥有健康和良好的工作环境、将工作和闲暇时间以自然的方式结合起来,是新一代更健康的工作文化。“工作英雄”的时代已经结束了,而且正朝着更好的方向发展。

涉及高品质的领导和学校管理时,这一情况至关重要。学校希望向有抱负的校长传达什么样的信息?如果学校的创造力、发展机会和职业的其他回报在工作的无限要求中消失,传递出的信息就再明确不过了。生活中还有许多更美好的事物。然而,这种情况带来的最大风险是,我们会失去最有天赋和技能的未来校长。我们失去本该引领芬兰学校步入 21 世纪 20 年代的一代人。

幸运的是,我们在界定校长的工作时间方面已经取得了进展。2013 年,校长工作时间方案获得通过,这是芬兰校长协会长期以来的目标。这使得雇主和校长有义务仔细核查校长的年度工作量,这也是进行专业发展和表现评估的基础。在检查中,工作要求得到评估,工作量得以优先考虑。毕竟,在学校里,即使是最优秀的领航员也会迷失方向,因为大大小小的工作任务都在他们的掌控之中。在确定了校长的年度工作量后,应评估是否有必要替换某些额外的职责,或优化整个学校的管理结构,以便更好地支持校长的领导和管理工作。

新的协议政策有望引发关于学校最重要的工作流程的讨论。碎片化的日常情况管理,很可能会被更全面的工作愿景所取代。在这种情况下,对校长工作时间的规划和监控不会像有些人所担心的那样变成记事卡。该计划更像是一种时间管理和优先排序的工具,因为如今的芬兰校长最渴望的是时间,是时候思考如何带领学校度过这一重大变革时期了。

校长工作职责中的教学职责也应该重新协商。事实上,芬兰充满了对校长的教学责任的合法和可疑限制,或者在某些情况下,由于财政资源的削减,这些责任被最大化了。总而言之,校长教学责任的理念已经走到尽头了,特别是那些利用校长的教学责任来节省经费的用人单位,应该照照镜子,想一想节省的经费是否造成了学校在高质量管理和教学发展方面的损失。

“教学责任”一词无法很好地描述教师的工作,应以教师的全部工作时间来定义。就校长的工作而言,教学责任这个概念更不适用,因为教学会以牺牲其领导和管理职责为代价。教师有师德,校长也一样,他们难以忍受在持续的管理和领导责任压力之下,还必须备课和上课。

重新定义工作时间,可以用教学工作和领导的概念取代教学责任的概念。这将为校长参与日常学习活动腾出空间,并在校长的日程安排中更大限度地突出更急需的教学领导的作用。教学工作和教学领导的定义也将保证校长依然是主要教师和教学专业人员,但这不再意味着每周都要参与教学。

在薪酬方面，新的工作时间模型使公开讨论加班费成为可能。虽然校长的薪酬在雇主所做的比较中较有竞争力，但必须指出，大部分教育提供者所期望的工作量和责任，已达到不应受人为的薪酬限制的程度。校长的薪水很快就能从芬兰儿童和青少年所获得的幸福和能力中得以回报。

愿景、改革和新学校

未来学校会是什么样子，是校长必须经常思考的问题。做校长就是规划学校的未来。有时，这种对未来的追求让人无法品味当下，也无法好好感受计划的顺利实施带来的回报。为了回答这个问题，校长必须对未来学习设置愿景。缺失这种视角的学校或组织也许能在正确的方向上运转，但可能会发现自己与用户的真正需求相去甚远。

教育的大趋势——教育信息技术、社会媒体和交互状态将会比历史上任何其他的教育改革更强烈地要求改变学习的结构。当今的信息社会，学校和学习已经离不开网络。学校不能成为与学生的日常生活或其父母的工作生活完全不同的“孤岛”。由于历史原因、教师培训或者比如 PISA 研究等，学校缺乏相关信息能证明老式的学习环境更合理。

新的学习世界需要新的领导和新的教师。新的领导将带领学校进行教与学的改革,而教学实验需要大胆和研究的态度。芬兰社会正在急速变化,保障教育公平需要越来越多个性化的解决方案,这些方案可以通过实验来确定。我们应该从现有的课程和学时分配走向更大的教学实验和学时分配。这是整个高中学段教育存在的重要条件。

变革管理给学校领导和管理带来了巨大的挑战。在资源日益减少的学校,校长作为教育政治守护者的作用将更加凸显。因此,学校的领导和管理必须保证时间、空间和资源。在职培训的重点必须转移至学习的战略领导上,校长这一职业必须推进与学习相关的事宜。校长们还需要熟练的教师,他们知道如何开展学习,并建立以学习为中心的学校社区。

未来学校的主要目标之一是成为儿童和青少年社交的场所。学校的使命是为学生提供重要的社交技能,尤其教学内容很容易上传至移动技术设备或社交媒体上。因此,随着教学信息化被社交情境的教学管理所取代,未来学校将面临教师身份和教师专业能力的巨大挑战。新学校应坦诚地质疑各种各样的相关性考试、测试、测量和传统的课堂教学。学校必须解决作为团队或社区的一部分来评估单个学生能力的问题。其中一些能力,如工作技能,并没有以任何方式纳入我们当前学校制度性的特征之中。

学校的教学改革必须从学前教育或基础教育的一年级开始,因为孩子们在比过去更小的年龄就建立了与现有技术现实的关系。消费主义和各种模拟现实已经成为儿童和青少年生活的重要组成部分。它们所教授的内容和所包含的虚拟机会是未来教学的一部分,但已经是现实学习的一部分。这不是教学内容的问题,无论人们赋予教育技术多少意义,这只是一种定义学习结构的新方法,只要学校接受信息可能是不断变化和不确定的,并将这种可能性作为其日常工作的一部分,学校就将依然在其中发挥主要作用。

作为一个生产经验的世界,学校必须代表理性和分析性的思维。在这个被越来越快、越来越模糊的交流所统治的时代,分析能力将成为未来能力资源中越来越重要的一部分。它将强调数学、科学的方法和逻辑思维。然而,为了将这种能力转化为人们共享的经验、知识与技能,我们需要社交能力。因此,未来学校的方法论是基于网络的。我们的目标是:无论工作的自然环境如何,工作都可以开展,让信息和技能导向的兴趣始终处于最佳状态。

未来学校对校长和教师来说是巨大的挑战。它是存在于各种媒介中的透明网络有机体。领导和管理将面临的挑战是,要在一个用户和学习促进者不在学校的物理边界之内的世界中,寻找有效的方法来发挥作用。教师和学生真实在场时,所培养的社交能力的内容是什么?价值是什么?如何评估这种社交能力?与所有网络一样,学校也将看到工作和闲暇时间的区别变得越来越小。学校将是整体的学习社区,为参与其中的工作人员提供幸福感和能力。

要成为一个真正开放的社会组织，学校必须更好地界定与学生家长的关系。儿童和青少年的家庭可能具有尚未开发的潜力，如果管理得当，将扩大学习社区的范围，并让学习产生相当大的附加值。各种在线解决方案将定义未来的家校关系，这也将促使学校与周围世界更开诚布公的对话。

也许未来的学校将成为整个学习社区的“篝火”，学生、教师、家长和其他学习伙伴将围着它，聚集在一起。“篝火”将来自社区的能力之流汇聚成共享的能力和资产。在这里，出席的形式不如学习的本质、真诚和促进学习的意志重要。最后，“篝火”将会是一个让人感到宾至如归的地方，任何人都可以随时在这里舒适地待上一段时间，或者你可以突然出现在这里，去接受或给予，为芬兰的发展贡献自己的一份绵薄之力。

价值观和勇气

时代潮流总是对教育变革和未来提出一些特定的挑战。因此，校长的价值判断在学校文化建设中具有重要意义。时不时地停下来思考“公正”“平等”或“以学生为中心”这几个词的真正含义，绝非老生常谈。作为校长，这些词对我意味着什么？对我的工作场所意味着什么？有时，我们并没有落实我们所宣扬的，但另一方面，我们常常惊奇地发现，我们的日常工作实际上由一套价值观所指导，即使有时我们根本注意不到。

在一个不断改变步伐和方向,同时又快速自我更新的时代,做一名有远见的“先锋”很难。每日埋首于学校琐碎的日常工作之中,让人感觉时间的车轮以一种非常具体的方式转动着,时间似乎变得毫无历史意义,历史也变得毫无意义。你可以选择让一切都可见,也可以选择在新信息之下丢掉一切。人可以成为其个人历史的伟大导演,把它放入一个更新版的黑格尔哲学之中[①]。

芬兰学校的改革工作一直并将继续被视为历史的连续体。在芬兰,我们更愿意谈论进化或自然发展,而不是改革或教育革命。这种方法创造了世界上最实用、最高效和最富有成效的教育系统之一。这些变化都是微妙的,并基于过往的发展。

但是,就目前来看,新的时代和新的全球竞争正在给芬兰的教育体制带来压力,这种压力仅靠教育结构和内容的现代化是无法缓解的。我们必须敢于做得更多一点,选择新的方向,勇敢地去创新。否则,我们所追求的芬兰的能力和福利将永远无法实现。为了选择新的教育方向,我们需要有远见和政治意愿。我们目前面临的利益冲突,表现出来的对决策的恐惧,将使芬兰儿童和青少年付出巨大代价。

从校长的角度来看教育工作的具体挑战,重要的有两个方面。一是

---

① 黑格尔(Georg Wilhem Hegel),德国哲学家,主要思想是世界精神指引着人类历史。他认为每个社会都处于被世界精神所指引的状态。

国家基础教育核心课程确定了芬兰公民基础教育的方向。因此,国家基础教育核心课程应该是清晰、简单、连贯的学习指南。它应该为基础教育提供足够宽松的框架,并激励有能力的教育专业人员去创造他们自己的教育现实。一门课程并非面面俱到才算好,课程目标应是为熟练的“航海家”设置“路标”。二是学时分配和未来全国高中教育核心课程都是为了找到教育的本质要素。芬兰学生进入高等教育或职场时,他们的能力将有多全面、多高?所有学生在高中毕业时是否都需要同样的证书,或者高中阶段的学习是否可以是许多不同种类的学习路径中的一种,这些学习路径将允许研究、学习和技术学习的新方式。未来的普通高中教育在教育政治中正变成缺乏勇气的象征。昨日的美好愿景已经变成了古董般的回忆,因为没有人敢做决定。

芬兰教育的里程碑——综合学校,PISA 传说中的“英雄”现在已经年过四十。过去几年,我们庆祝了基础教育的成就,推举出了勇敢的“远见者”,他们在教育政治的基础之上提出新的愿景。我们只能希望芬兰的校长们也能同样大胆,拥有展望未来的勇气。在每个人都害怕失败,直抒己见不被允许的时代,这一要求很高。因此,我们必须牢记,我们创建学校不是为了我们自己,而是为那些讲述未来历史的人。

TOP
CLASS

Finnish school
leadership and
management

没有改革的国家

新千年的回声

芬兰教育政策制定者和我们——学校的日常工作人员，常常说芬兰是一个没有教育改革的国家。我们认为，在教育世界里，我们所采取的方式是进化，而非革命。在芬兰教育过往 50 年的发展中，大抵如此。我们耐着性子，一点点、一步步地打造出我们的教育体系，政治变化从未对教育的基本理念和实践产生很大的影响。

在学校变革方面，有一个例子可以很好地体现我们的耐心——课程或者说国家核心课程。在已有的课程使用了七八年后，我们才在最近启用了新一轮的课程。高中阶段的核心课程分别在 1995 年和 2005 年推出，最近一次推出是 2016 年。我们可以非常坦诚地说，十年让学校的教师、校长和学生足够的时间，把课程真正付诸实践，在此期间，更新一些细微之处。它给所有利益相关者一种持续进行的确定性，这使得学校生活非常有效并可预测。十年的时间，可以看到结果，也有足够的时间来评估过程本身。即使研究人员也有足够的时间提供一些精确的结果和对比数据。这些年的芬兰教育一直如此，所以当我们创造了 PISA 奇迹时，就连我们自己也不明白为什么要做如此特别的事。

在新千年的初期，芬兰的教育看起来依然相当扎实，但巨大的变化即将到来。有些变化对芬兰教育的影响会比较大，有些是国际教育的变化，有些是国家甚至地方教育的变化。就像我曾多次提到的,芬兰其实是以一种很老派的方式取得了意料之外的 PISA 成绩。我认为,理解我们参与这一评估的内容和方式非常重要。我们的问题也很明显。这些评估的结果并非直接告诉我们教育的质量,而是呈现了我们国家教育的目标和实施情况。可惜的是,许多教育提供者在 PISA 热潮中忘记了这一事实。

在芬兰,2000 年初,我们所拥有的高素质的教师、稳定的教育政策、学校的自治和对传统课堂工作的坚定承诺是教育的主要基石。所有这些都令世界上许多国家羡慕或追求。教育背后的价值观非常坚实,前进的步伐小但可预测。一些新的主题或内容变化并未影响整体图景。教育平等、社会构建主义是教学的主线。

但与此同时,在 2004—2006 年制定课程时,我们处于大变革的起点。我确信,当时有很多教育专业人士明白未来十年将会发生巨大的变化。数字化尚处于早期阶段,学校连上了互联网,但教育软件和应用程序复杂又难用。移动互联网的爆发尚步履蹒跚,没有人能理解它将对年轻人的生活和思维方式所产生的强烈影响。

就在我们刚刚开始谈论全球化、互联网时代、移民和某些工作的消失时,巨大的经济衰退开始了,并改变了我们的社会和工作文化。缺少资金,或者像政治家们说的那样,缺少资源是改变我们整个学校工作文化的最大因素。原本极大的自治权一点点地消失了,资源管理者决定学校能做什么或不能做什么。资源缺乏对校长的工作影响很大,因为学校的日常工作必须用不同的方式去组织。突然间,我们不再谈论平等和公平,而是更多地谈论经济和效率。学校需要寻找不同的发展道路,甚至语言也变了。学校对其所有者来说成了一项支出,对其管理者来说是一项不必要的开支。学校开始寻找一条不同的路。如果学校足够小,会被轻易地合并或者关闭。“压缩学校网络”是讨论当地教育政策时最常用的表述之一,具有高度的政治性和敏感性,因为它意味着要关停几所学校。2006年之后,在基础教育和高中阶段,我们关闭了600多所学校。如果我们将这一数字与现有学校数做比较,这个数字会更容易理解。今天,芬兰约有2 800所中小学。

世界已经变得不稳定。它非常不适合学校这样的组织,因为学校喜欢线性的、可设计和可预测的未来。学校文化的变化越来越快,短期或长期的项目是寻求资源的新方式。芬兰教育史上第一次,教师终身职位不再“高不可攀”。诸如灵活性、变革、自我管理等新词汇也开始在芬兰学校里出现。这些词汇起源于商业社会,非常不适合学校。但与此同时,信号却清晰而强硬:你不是一座“岛屿”,而是整体服务的一部分,如果社会不再需要你的服务或你不能改变,那么我们必须重新组织。

校长、教育决策者和教师也认识到,学生的思维方式也发生了一些变化。这种变化是数字化发展的结果,更个性化的生活方式和新型的关系在全球范围内出现。在新千年的最初几年,“21世纪技能”出现在教育政策演讲中。越来越多的学校课程以及学校的日常实践,指向培养学生新的技能和能力。但是,如果学校课程更基于学科、识字和算术,如何学习技能和能力呢?我们的年轻人将来需要什么样的能力和技能?很多问题都已用芬兰方式得以解决。每个人都尝试自己的版本,总的结果是好的,学校的基本任务也没有改变太多。

芬兰是一个地广人稀的国家,人口集中早在几十年前就已经开始,但是增长速度非常缓慢。除了几次经济衰退严重影响到整个社会,许多人才会选择移民。但是,在新千年的最初几年,特别是最近十年中,我们注意到芬兰的格局正在完全改变。今天或者未来十年,越来越多的芬兰人正搬到大都市地区或几个较大的城市中。同时,我们的出生率越来越低,这意味着在偏远地区或农村,很难办学或提供中等教育。在芬兰的教育政策中,平等和公平一直是整个国家最重要的教育价值观。现在看来,年轻人的生活将随着出生地不同而有差异。这是我们面临的最大挑战。

家长的新角色——合作者、客户和迷失的成年人

寻找新的课程核心时,我们可以说,在过去十年中,父母和其他利益相关者的角色变得越来越重要,在构建孩子的课程方面,我们也鼓励学校让家长发挥更大的作用。事实上,这也是国家教育署给教育提供者的一项法令。在学校启用新课程之前,他们必须听取家长和学生的意见。校

长的主要任务是组织这一过程。很正常地,有些家长对此非常感兴趣,但大部分家长对此并没有太大兴趣。在这种情况下,校长必须注意处理信息的方式方法。教育和其他专业一样,使用自己的特殊语言,所以如果学校真的喜欢家长参与,我们的信息必须更清楚,不用教育术语。

家长可以成为学校发展真正的伙伴和合作者。在校长们眼里,最重要的是,他们真正关心孩子的日常生活。这没有什么特别的,家长只是正常地想了解学校里在发生什么。我认为这是家长给孩子最好的礼物。家长也可以通过许多方式支持学校的日常活动。学校项目、特殊主题日和许多其他活动经常需要帮助。如果我们看一看芬兰的新课程,会看到家长在两件事情中的角色很重要,甚至是至关重要的。企业家精神和职业生活是芬兰新课程中的两个关键词。在这两大主题领域,家长是最好的专业人士,他们可以把他们的经验和智慧带到学校,成为学校工作的一部分。在我看来,这对双方都是非常有益的。

在过去的十年里,学校发生了巨大的变化。现在,这种变化大多是通过不同类型的数字软件发生的,在芬兰主要是 Wilma 管理软件,学校里使用最为广泛。Wilma 既是学生的时间表,也是教师、校长和家长的互动平台。教师在这里标记缺勤、发布考试时间表、考试成绩、好行为与坏行为以及大量其他信息。同时,社交媒体和不同种类的匿名聊天渠道已经成为现实,学校和家长之间的互动已经快要“爆炸”。而且从双方的角度,很多人认为,这已经不只是一件好事。许多教师抱怨说,回答家长的问题需要花费太多时间，甚至占用了个人闲暇时间。另一方面，家长抱怨学校发信息太随意、太频繁了。

但也许更大的问题是这种数字沟通中的语气。面对面的会议被数字化改变时，我们很容易看到家庭和学校之间的对话变得更加具有攻击性、更苛刻，轻易就能写下一些近乎侮辱的语句。有些此类案件要到法庭上去解决，这总会有些令人失望。“沟通洪水”对校长的工作影响很大。最大的问题之一是，在发了几条消息之后，校长也许就会出现在这些事情中。在所有纵横交错的信息之下找到真实情况很难，而且需要很长时间。如果双方已经失去了沟通文明，校长的首要职责就是介入，引导讨论回到根本的层面。有时，校长还必须将整个事件掌握在自己手中。这种情况会影响教师的幸福感和工作量，工作量可能会增加很多，要求也更苛刻。

但和许多事一样，这并不仅仅是工具的问题。学校和家长之间的新关系表明，社会发生了巨大变化。我们可以称之为两极分化，但无论叫什么，都会耗费学校大量精力。越来越多家长总是问“学校能为我的孩子提供什么”。在芬兰教育中，这是一个新问题，因为自 20 世纪 70 年代以来，这个问题一直是“学校能为我们的孩子提供什么”。这些家庭中有许多人非常了解自己的权利，却不太了解自己的责任。对于学校校长来说，这些家长看待学校的方式非常具有挑战性，因为他们要求学校为其孩子提供的超出学校通常能给予的。从校长的角度，每个事件都必须深思熟虑。如果我接受这名学生，代表我可以接受这一类学生。如果这次我接受了，下一个有悖于日常做法的特殊待遇又会是什么?

即使在芬兰,私立教育只占2%—3%,私立学校也无法做到盈利。我们注意到许多家长认为自己是顾客,是来购物的。如果离家最近的学校无法满足他们的理念或对品质的要求,他们需要为孩子寻找更好的环境,甚至更好的学校。这种情况在芬兰相当独特,芬兰的小学和初中与儿童的家庭、社区紧密相连。芬兰也避免了全球教育中最具伤害性的做法之一——学校排名,但更多的学校被家长在"非正式网络"中排名。这种情况有许多原因,最好的学校与学生家长的社会经济地位相当,或者学校可以提供一些与家长的世界观相吻合的特色,再或者学校声誉很好,甚至没有人能真正说出来为什么好。

以客户为导向对校长来说始终是挑战。特别是在高中,学校不是完全开放的空间。家长们用不同的方法帮孩子在最想去的学校占位置。电话、眼泪、法律威胁成了他们的常用手段。幸运的是,这种压力并没有影响财政。芬兰是世界上腐败程度最低的国家之一。感谢免费的平等教育、高素质的教育提供者和整体法制环境,芬兰学校体系的腐败率是零。教师和校长皆是如此。对于校长来说,这些情况常常是学校价值观的问题。我们的价值观是什么,我们如何遵循它们?我们是道德高尚的榜样,还是只要有人足够强地挑战我们的工作方式时,我们就改变思维方式?

校长必须非常清楚地理解,其所做的所有决定都是公开的,即使有时认为这只是其与家长之间的特殊处理。以我长期以来的经验来看,可以说,在成百上千人社交互动的学校里是没有秘密的。另外一方面,最好要理解客户永远是客户。你为他们做一些非常特别的事情时,他们的下一个问题会比你想象得要多;紧接着校长就会发现,客户需要更好的教师、教室、电脑或学校午餐。这份清单可能会变得很长,没有人能够实现,或者校长完全忘记自己的主要目的——为所有人提供平等的机会。

但像硬币一样,这也有两面性。像客户一样的家长数量增加时,我们同时注意到,我们的社会里,那些缺少家庭教育的孩子的数量也在增加。对于学校来说,这是真正的问题,虽然是不同的问题,但也许更难处理。其中许多案例同时还是社会服务的一部分,这会使情况更加复杂。在这些案例中,校长很多时候决定儿童能否留在学校。同时,作为市政或国家官员,校长必须确保向社会服务部门报告儿童的情况。其中许多案例导致学校和家长成了对立的双方,家长缺乏家庭教育能力并不意味着缺乏攻击性的沟通技巧或抱怨。

这种情况下,校长的职责总是寻找面对面讨论的可能性。大多数情况下,长时间的数字化讨论会导致一团糟。一般来说,人们在见面时通常表现得更好,并有可能表达他们的想法和感受。校长必须注意,要把所有事情都准确地记录在书面报告中。这是家长权利的一部分,也作为学校的备份,如果事情没有解决,它可以继续发挥法律效力。

家长在变,社会在变,学校也在变。所有这一切放在一起,使一些日常的学校活动更具有挑战性了。在个体化、个性化划分家庭和学校的同时，校长应该记住，我们依然承载着很强的社会功能。在相当长的职业生涯中，作为公开的承诺或宣言，你可以这样对家长说，我们学校的某些规则和价值观是不可侵犯的，校长作为这个社区的领导者，作用是监督其实施。

好的、坏的、数字化之恶

芬兰和芬兰人民一直相信技术创新。从历史上看，如果我们认为新的技术设备能帮助我们的日常工作与生活，我们从未害怕过尝试。因此，芬兰教育在20世纪90年代末迈出数字化的第一步时，我们成为诺基亚和其他芬兰公司实现巨大技术革命的一部分，他们创造了第一代完全互联的世界。与其他许多事情一样，我们的第一步是创建可靠的互联网连接，并为学校找到合适的硬件。与许多其他先驱者一样，我们专注于构建框架和平台，相信或希望内容会自动跟进。

如今回首那些年，我们可以非常真实地说，芬兰远远领先于世界上大多数国家。但与其他许多事一样，开拓工作需要耗费大量的精力和资源。后续开始数字化的国家会更加关注实际问题，或者直接跳到数字化的第二波或第三波浪潮。从长远来看，这个起点给了他们机会去更多地思考内容和可利用的软件，而不是许许多多的技术解决方案。

在新千年的最初几年，我们讨论了教育数字化应该是什么样的。要理解这次讨论的意义，首先需要知道，在学校选择工具包方面，芬兰没有任何国家的文件或命令，常常是由学校或市一级做决策。很快，我们的教育政策制订者就注意到，数字设备和整个数字化进程需要国家政策。我们希望教育部和国家部门可以解决这个问题，但除了“听起来有道理”之外，没有得到任何其他回应。在芬兰这样的小国，资源很有限，在学校层面我们可以充分地感受到。大多数教学应用是由小企业开发的。这些企业无法持续发展，或者由懂技术的教师提供解决方案，但只有在他们对此感兴趣的情况下才能持续。因此，在新千年最初的十年的中段，我们发现，我们建立了良好的技术学习环境，但使用效率很低。

在数字革命初期，校长是学校数字化的守门人，这一点非常普遍。校长被视作决策者，他的决策将为教师们提供一种可能，使用互联网和新技术设备去创造新的学习方案。现在，20 年后，我可以说，校长的作用过大了，被高估了。我确信大多数芬兰校长都支持他们的教师使用新的现代技术。但是，我们遇到了许多阻力，即对技术的恐惧与注重简单和实用。其中一个主要问题是，芬兰学校的教科书质量很高，但缺乏同样质量的数字材料时，教师就很容易继续沿用老方式，不愿意采用新方式。因此，我们需要针对这种不情愿，寻求解决方案。

解决方案实际上是非常出色的，与芬兰教育政策完全不同。我把它命名为“宫殿革命”，并很高兴有机会参与其中。芬兰大学入学考试是芬兰唯一的国家性考试,倍受尊崇,非常可信。我们很多人都持有同样的想法,必须数字化大学入学考试。一部分原因是高中教育和高等教育应该教学生这些技能,另一部分原因是我们明白这种变化将影响芬兰从小学到中学的整个学校系统。没有人可以否定数字学习和教学,因为这是我们在最终考试中要考的。那是新时代的起点,甚至很多教师都想知道为什么我们先更新考试,然后更新课程,有时你必须"从树梢开始爬树"。

现在,我们再来看课程核心或学校日常工作的核心时,可以说数字化已然发生。数字化考试的理念甫一推出,就影响了其后的课程进程。数字学习和教学在学科和横向能力方面有更精确的应用。教育出版商明白,数字材料的用户数量将会越来越多,所以材料的质量也与教科书相当,甚至品质更好。大多数教育组织都明白,现在是培训教师使用数字工具包的最后时刻了。同时移动互联网也改变了整个信息文化,先是在家里,然后慢慢扩展到学校。自带设备曾是许多学校采用的解决方案,现在已是学校的日常工作,因为移动技术无处不在。

即使过去几年数字化的速度很快,我们还是听到许多批评的声音,他们认为数字化造成了芬兰教育中的许多问题。有人说,孩子注意力不集中,因为移动设备吸引了全部的注意力;阅读和写作能力越来越弱,因为现在发信息常常是几个单词和许多表情符号;太长时间使用电脑影响大脑,改变了我们的思维方式;还有许多你可以想象得到的其他威胁。同时,我们说,信息通信技术和编程是公民的新技能,也是如今使用公共服务的唯一途径。

也许我们最大的挑战是,我们仍旧在问是什么和为什么,而不是如何做。我们的心态仍然是使用语言,因为我们已经学会了它,阅读和写作是素养。一些教育者很难理解,我们的青少年生活的世界有完全不同的含义。叙事不同了,这种叙事像 AI 一样结合了新型的素养、图片和创新技术。创造语言的新模式——阅读、写作和演示,将是未来的核心能力之一。同时,我们的孩子处理多种信息的能力已经提升到了更高的水平。这些事情需要学校和课程找到新的答案,仔细思考未来教师的角色。

例如,在芬兰,我们谈论多重素养、ICT 伦理、虚假新闻和数字化为我们的生活带来的其他许多影响。作为校长,我试图鼓励我们学校的教师们思考:如果数字化给你机会用别的方式做事,你觉得应该是什么?我自己的答案是社交互动和使用数字设备的能力,这样学生才能找到可靠的资源。我确信这两种方式可能是硬币的另一面。问题不在于能力或学术技能,而可能是一种新的工作模式,团队协作和分散式工作方法让学生对未来的工作生活有所了解。

数字化可能和书一样糟糕,你无法理解是因为你还没有办法掌握它,也没办法将其与你以前读过的东西做比较。在许多方面,数字化是一种学习工具或环境。与此前所有的学习解决方案最大的不同是,数字化无处不在。它是公共的、商业的,理想教师未来也将是这一旅程的向导,不过是更具互动性的团队工作者,因为这种旅行可能比之前的行程要求更高。当下,一切都在数字化信息中发生,很少有东西一成不变。因此,教师们要注意新的公民能力。这个问题对学校来说非常重要,如果学校与私人生活之间的差距太大,学校真的会开始显得非常过时了。

现象的、横向的和个人的——课程的新核心

如前所述,芬兰是没有改革的国家,课程的时限大约是十年,然后会稍做改变。小学及初中的核心课程于2016年公布,其关键词或关键原则是现象学研究和横向能力。从整体上来看,芬兰教育从相似化到个性化迈出了一大步。也许最有趣的事情是,似乎没有人注意到这一点,人们的大部分精力被采用新的学习模式和新的学习环境设计所占据,这已经强烈地影响了新的学校架构。

我认为,许多学校领导和相当多的教师喜欢我们实施教育的方式。特别是在初中和高中,很多人认为,在我们的课程表中有太多不同的科目。新课程要求我们在科目之间进行更多的整合,并寻找新的方法,把学术知识用于服务学生的“21世纪技能”。但是,这种变化绝不意味着我们将完全跳过学科教育。其实,新课程的核心是教师面临的挑战,教师必须找到课程的新优势,并能够与同事分享。

前进的新步伐总是伴随着批评的声音。在芬兰,2016年课程几乎让学

校的每一个问题都暴露了出来。费用清单很长,开放的学习空间让人不安,学生有太多自己的责任,教师不再教书,所有学校都不再是家长记忆中的模样。这些批评同时证明了课程的重要性,只是有的人尚未明白,我们生活在一个转变的时代,旧的概念早已不适用新的世界秩序了。没有人能断定什么是对或什么是错,但是,缺乏校外世界生活背景的、孤立的学校是行不通的。与许多其他新事物一样,新课程也有点冒险,但如果学习只是收集正确答案,我们就是在培养害怕犯错的一代,如果将这些与孩子们所面临的全球挑战相比,我们可以留给他们的最大的遗产将是勇气。

现象学习

我们看现象学习,我们希望看到,它是适合儿童的年龄和他们的学术能力。重要的是要注意到,现象学习并非学科之外的东西。事实上,现象学习挑战学科,主要问题是我可以如何利用我的知识,使其成为合适的工具,来创造新东西或为全球、本地或某个实际问题找到恰当的解决方案。我们可以说,真正的现象学习需要新的教学资格和校内外合作。

现象学习在实践中有几种不同的模型。最简单的一种是"主题学习日",再上面一个层次是"主题周",学生可以专注于几个不同的主题。有些学校会用一整个学年开展一个现象学习项目,如可持续环境、气候变化或其他一些全球性的问题。我们可以很容易地看到,不同学科的教师可以从这些主题中学到什么,或者教师之间的合作如何丰富他们的思维和教学实践。

也许,与现象学习有关的更大的问题是如何使他们成为日常工作的一部分。在课程层面,教师之间需要良好的协调,教师的素质水平必须比现在还要高,因为现象学习不是课外拓展活动,必须对学科本身最重要的问题给予解答。这是为什么说现象学习是以一种全新的方式向前迈进,使许多高度理论的学科更结合现实,更好地服务儿童的生活。

和所有学习者一样,芬兰国家教育署也是学习型组织。2016 年高中核心课程发布时,他们没有提出横向能力的发展,而是在兴趣领域将课程整合为更大的论题。但问题是课程本身设置得非常满,这些兴趣领域不是任何科目的一部分,而且非常笼统,因此,并没有真正"落地"。就像 2016 年开始的"移动学校"项目一样,它们或多或少成了国家层面较大的教育主题的一部分。我们从中得到的教训是,如果想在教师的实践层面做一些改变,必须将其与教师的日常工作现实贴得足够近,否则就只是一个愿望而已。

横向能力

新的横向能力试图回应"21 世纪技能"的挑战,但也是一个动机问题。感谢芬兰的教育和社会，我们新一代的年轻人需要知道为什么我们要在学校里学习某些特定的科目。以前的答案——“因为你必须这样做”，对这一代年轻人来说是不够的。因此，横向能力不仅是针对“21世纪技能”的答案，也是学校存在的合法性这一问题的答案。越来越多的教育是个人选择，自我激励甚至比外部动机更重要。越来越多的新一代的孩子都在寻找他们的个人选择。学校和教育是目标，但他们对结果和未来的愿景与父辈可能完全不同。

新的高中课程横向能力的核心被写进了学习的整体描述、每个学科和每个模块中。因此，观察它将如何影响教学实践会很有趣，这些模块如何组合起来成为拥有相同横向能力的科目组合。很显然，在芬兰我们将会看到许多不同的解决方案，但希望实施中可以创建出一些非常创新、综合的学习模块。

横向能力的使命是综合的。横向领域能力的不同部分构建了高中学科的共同目标。横向能力如下所述：

幸福的能力（well-being competence）

互动能力（interaction competence）

跨学科能力和创造力（multidisciplinary and creativity competence）

社交能力（social competence）

道德和环境能力（ethical and environmental competence）

全球和文化能力（global and cultural competence）

高中的核心课程基于学科。横向能力支持并深化基于教学大纲的知识。横向能力包括学生良好的通识教育和成长为良好公民。可持续未来、终身学习、职业生活和国际活动是共同的目标。高中教育提供知识、技能、价值观、态度，旨在构建学生的整体能力。

价值观、学习理念和学校文化为发展横向能力奠定了基础。横向能力是所有高中教育的共同目标。每个学科都以本学科知识库中的方法来运用横向能力。横向能力是基于学科的学习和学科间整合的主要部分。

横向能力可以培养学生更深入地理解多元文化和社交。它与学生之前的学习有很强的联系。横向能力为学生获取信息、解释信息和基于价值观的决策提供了更多工具。同时，随着学生横向能力的发展，他们会更强烈地接收到有关环境、社会责任以及全球共享的信息。新的核心课程希望将学生视为批判性思考者、协作者和创造者。他们准备好解决问题，喜欢终身学习。

因此，我们希望在学校里看到，学生能够观察和分析当代的多种现象并能适应不同的环境。他们学会寻找构建未来的元素，并能够就变化提出有效的意见。他们被鼓励以合乎道德的方式行事，在私人生活和社会层面都去寻找可持续的解决办法。学生必须准备好跳出“框框”思考、分享知识和技能，成为协作者和伙伴学习者将是他们的工作方式。

横向能力是对地方核心课程的补充和具体化。各学科、各学习模块和学校文化都将重视这种能力。高等教育学习、工作经历和国际活动使这些能力在日常实践中具体化。专题研究单元也可能包括横向能力。我们可以看到,这对教师和校长来说是巨大的挑战。没有人可以待在舒适区。从学校领导者的角度来看,一个主要的问题是你如何领导变革。因为这种变革显而易见是必要的,但与此同时,它挑战着旧的教学范式。问题不仅仅是能力本身,而是你如何让每个人找到最适合自己的学习方式。

个人最佳利益还是共同利益

我们回望最近五年芬兰教育发展的整体图景时,从幼儿教育到高等教育,我们可以看到一条主线。我将它称为"个体学习路径的整体个性化"。同时,我们可以说,芬兰并不孤单。许多其他国家和教育系统也采取了同样的措施。有些国家早在芬兰之前就这样做了。事实上,也有许多国家从来不曾将教育公平作为主要的教育目标。与芬兰不同,在这些国家,教育从来就不是一种共同利益,更像是为少数人提供的机会。那么,当我们谈论芬兰教育的个性化时,我们在谈论什么?

我已多次提到,芬兰教育政策和实践的基石之一是高品质的特殊教育服务。大约在 20 年前,我们放弃了所有特殊课程,现在,有特殊需求的学生都整合进了常规班级。根据学生的个性化需求,我们提供"三步"支持。其核心思想是：校长、教师和其他专业辅助人员共同创建一种模式,既能照顾特殊教育的需求,大部分的日常工作还是和正常班级一样做。有人需要帮助时,学生可以分成小组学习,也可以为其提供学习助理服务。学生需要的特殊教育服务大多是阅读和写作问题、缺乏学习动机、个人生活问题或注意力集中等方面的问题。当然,也有为比较严重的心理或身体问题设计的课程,但大多数学习主要还是在学校里解决。

现在,高中教育的新法律正将特殊教育纳入整个教育体系。我很肯定综合性大学和应用科技大学很快也会有特殊教育教师,因为缺乏阅读和写作能力这样的学习问题,会伴随人的一生。因此,我们可以看到一条非常系统的路径,从幼儿教育开始,贯穿整个学校生涯。在各层次的学校,我们提供几项测试和诊断,因为一些学习问题可能会隐藏,难以发现。其中一个关键因素是,学校和幼儿园关于学生和学生能力的信息可以交流。这对教师和校长走向个性化的特殊服务有很大的帮助。

芬兰教育对话的新领域是针对有积极性和有天赋学生的特殊教育。因为对平等、教育公平的承诺方面的教育服务讨论并不多。我们可以非常坦诚地说,这是芬兰教育的另一面。很不幸,这种态度是芬兰人思维方式的一部分。我很确定,有一大群学生,学校未能提供适合他们的学习。在过去几年里,这方面也取得了很大的发展。一些学校已经注意到学生有能力在一些科目上学习更高水平的内容。初中学校为其学生提供高中水平的课程。开启这扇大门的举措之一将是高中教育和高等教育的新法律,规定高中和大学必须合作。如果学生喜欢,高中学生也可以有机会学习大学水平的内容。这一协作有多重目标,但其中一点很明显,对一些学生来说,这是真正找到适合自己的学习机会。

建立这种制度在各级学校中需要一些关键要素。在芬兰,答案是个人学习和职业指导。我们可以说,中小学生必须更加了解他们的未来计划,为此,他们需要特殊的专业帮助。因为这个原因,新的教育法律非常明确地指出,我们必须提高个人学习和职业指导的水平和质量。特别是在高中阶段,被称为芬兰国考的“Matriculation”越来越成为大学入学考试。因此,学生的个人选择越来越重要,但我们尽力确保每个人的选择都可以得到专业的帮助。

当我们从个性化视角去看整个教育系统的大局时,其中关键因素之一就是教师的能力。为个别学生服务相当容易,但必须照顾到全班二三十个人时,这是相当有挑战的任务。即使所有支持性服务人员都到位,如特殊教育教师、学校助理、心理学家和社会工作者,教师的作用仍然是最重要的。他们要考虑:如何注意每个学习者并给予足够的反馈;如何构建课堂学习,让每个人都能找到适合其学习能力的层次。

在这种新模式中,教师的主要工具之一是评价。评价和评价工具一直是芬兰教育讨论的重点议题之一。如您所知,在芬兰我们没有测评体系或定期的国家测试。这并不意味着我们完全没有学校评价。在国家层面,我们有国家教育评估中心,地方教育提供者也必须有评估计划。学校做大量的自我评价和同行评价,所以我们会针对工作方法和结果收集大量信息。

在新的芬兰核心课程中,评价起着重要作用。问题对于个性化教育至关重要。关于一项成就和成果,学生和家长可以获得什么样的信息?哪些是需要发展的地方?也许是一种新的学习模式?是否有一些以前尚未注意到的特殊教育需求?教师的评价计划和学校的评价文化是什么?是仍然以测试为导向,还是遵循新的评估文化,即自我评价、同行评价、日常工作表现和通过不同方式展示你的技能?这些问题和许多其他更实际的问题是校长日常工作的重要内容,即使教师自身也有很大的自主权,评价必须足够普遍。这是教师和学校利用公共法律权力的领域,因此不能基于机会或个人偏好。

展望芬兰教育的未来时,我看到许多很有希望的新途径。如果学校整体上都能够适应横向能力和现象学习,它将为每个学生提供更多的个人途径。既可以让那些擅长学术的学生施展才华,也可以让其他学生通过有意义的技能来展现他们的能力。即使学校在一段时间里会有压力,认识到未来的挑战也比盲目前行要好。为了尽早让我们的学生成为好的学习指导者,我们正在为其构建坚实的基础,让他们去思考面对的机会与可能性。在芬兰教育中,我们已经明白特殊教育的需求不再是一种耻辱。学生们非常公开地讨论这些事情。将来这些事情将会指向两条路:特殊帮助或特殊挑战。我相信芬兰的学校文化能够很好地处理这种情况,因为芬兰模式的个性化教育从来不会为了共同利益而竞争。就像我过去常说的,在我的学校里,每个人都很特别,又没有人特别。

幸福感和参与——学生的新角色

在现代芬兰教育中，中小学生的作用有些特别，他们既是学习者也是合作者和参与者，这是过去几十年中芬兰教育最重要的理念之一。慢慢地，中小学生的作用变得越来越大。这是教育部，特别是负责课程开发的国家教育署刻意制定的路线。与此同时，大多数地方教育提供者已推出了雄心勃勃的儿童与青少年激活计划。在芬兰总是如此，遵守国家命令只是底线，做一些自己认为更有挑战性的事情才是芬兰教育真正的目标。

当我们真正谈论以儿童为中心的学校时，重要的是明白，所有的中小学生都有自己对学校的印象。没有任何校长或教师可以说它是错或是对。这是每个人独特的愿景，对于他来说，这与动机和成功紧密相关。就像伟大的古希腊哲学家亚里士多德说的"用户的理解比制作者的理解更好"(User's knowledge is better than makers understanding)。用户或客户(如果我们喜欢使用这个词)所寻找的教育产品，与我们这些计划者和实施者不同。有时候，在校长办公室里看起来非常实用和方便的东西，可能会给学生带来麻烦。这也是学生和学校工作人员之间必须一直保持开放讨论的原因。

但学生在学校里的作用已经不仅仅是纠正日常实践中的一些错误。学生很重要的作用是创造学校文化或参与决策。我们注意到，即使在小学阶段,学生也能非常有创意地构建学校文化。他们也可以非常积极地参与学生委员会,这是学生与教师和校长之间十分重要的纽带。像许多其他事情一样,这也是学习情境。我们可以把它称作“积极的公民或政治”,是学习工作生活和社交技能的好机会。从学校的视角,最棒的是所有这一切可以创造一种新的、活跃的学校文化。在这里,大多数孩子感觉亲切和快乐。

校长和教师必须做的最大改变之一是,将学校看作学生工作的地方。孩子不是一个客体,他们是自己工作、学习的主体。学校最好可以成为真正的学习社区,让所有参与者都能享受相互学习。另一方面,我们也在年轻一代身上注意到一个新问题。他们不接受缺乏正当理由的规则和条例。他们想知道我们为什么要改变,以及改变会如何影响他们的日常实践。更重要的是,我们希望通过改变获得什么。由于这些原因,学校教职员工与学生之间必须持续地协商。多重角色并不意味着角色在某种程度上是模糊的。我希望看到学校可以完成如此多重的教育任务。

芬兰学生描述学校学习的主要障碍和积极因素时,无论是哪里的学校或多大的学生,我们都会发现一些共同点。主要的障碍之一是学校压力。即使芬兰学生的学习时间全球最短,家庭作业的数量也比其他国家的学生少,但是芬兰教育要求很高,这要感谢高素质的教师,学校工作非常高效。新的学习方式正以不同的方式挑战着学生。更少正确答案,更多的是对自己的反思。高中阶段新的压力是高考,因为现在进入大学需要越来越多的测试。如何实现自己理想的目标,是年轻人关心的主要问题之一。

另一种障碍也是真正重要的,是孤独的经历。这很容易理解,因为学校生活中最积极的因素之一是朋友或同学。学校规模越来越大时,这是学校文化必须解决的问题。孤独的经历,即使没有欺凌或骚扰,也会损害年轻人的自尊心。在数百名年轻人中间,莫名其妙地把自己看成完全的局外人,这种情形确实需要改变。因此,芬兰大多数学校都有自己的项目来避免这种情况。导师、同学、自己的班级和许多其他实用的解决方案正在帮助学生找到自己的小组。许多学校也利用青年工作者或其他青年服务来协助。

但还有一件事对青少年的学校经历影响也非常大——免费的学校午餐或者现在还包括早餐和点心,这是芬兰教育创新最好的部分之一。我们的学生仍然称其为学校生活中最积极的因素。我们仔细观察时,能在那里看到什么?学生的幸福感和健康生活是主要目标之一。但与此同时,共同用餐更是社会化的过程。对于年轻学生来说,可以学习就餐礼仪和实用技能,如使用刀叉。学校食物的健康也很重要,这让学生学会吃种类多样和健康的食物。但不幸的是,有时学校热乎乎的饭菜是孩子们唯一能得到的热餐。我们有很多“星期一”的孩子,他们和父母一起过周末后饿着肚子回到学校。这也提升了芬兰教育专业化的重要性。

如果我们试着总结过去五年的芬兰教育,特别是学校和学生之间的关系，可以用一个词来表达——幸福感。即使芬兰儿童是世界上最喜欢搬家的人之一，我们注意到学校在这方面有很多事要做。幸福感一部分是身体上的，一部分是精神上的。幸福感的一些元素可以通过不同类型的项目来组织。一个很好的例子就是“移动学校项目”，芬兰政府为这个项目投入了大量的资源，获得了巨大的成功。我很确定，在芬兰的每所学校里，都有人负责不同类型的活力项目。其中大部分发生在学校日，这确实影响了学习和结果。现在，我们去看一个孩子从幼儿到高中的学习之路时，可以看到学校在许多方面，体现出游戏在享受学校和学习中的重要性。

但是，即使行动比言语更响亮，也有必要看到将幸福感作为哲学或教育思维方式价值基础的另外一些方面：日常工作的组织问题，人性化的测评文化，学校教职员工与学生之间的良好关系，以儿童为中心的思维方式，相对较短的工作日和适量的家庭作业，等等。我认为，在芬兰教育中，这是校长必须做的事，也许对更广泛的教育来说，主要问题是：我是否守护了童年？我对童年的理解是什么，是竞争性的还是人性化的？我如何看待学生，他们是用来帮助提高学校排名的指标，还是他们自己的目标更重要？这些问题的列举可能是无止境的，但这些问题的答案表明了校长和教师真正的价值观和思维方式。

新的芬兰核心课程包括许多关于学生参与、个性化和创新能力方面的内容。也许芬兰学校迈出新的一步，让更多年轻人有意识地寻找自己在世界中的位置。如果是这样，芬兰教育的未来仍然是光明和美好的，因为我们正走向一个价值观、健康和可持续的生活方式和社会能力将发挥作用的时代。所有这一切都需要一种新的方式去思考教育的使命和学校的日常工作。这是21世纪教师和校长所面对的挑战。

成为21世纪校长的基石

我做校长已有25年。在这25年里，社会和学校已经完全变了。我的职业生涯开始于传真机和复印机通用的时代。那时电话就放在我的桌子上，如果我不在办公室，秘书会为我留下信息或需要回复的电话号码。没有人会因为没有立即收到答复而大发雷霆。我们有更多的时间做日常工作，时间比今天更可预测。工作本身并不会更轻松，自治和问责始终是日常决策的一部分，如同今天一样。

但是，如果今天来看我们的全球家园，可以看到许多信号都在告诉我们，我们生活在一个伟大的转型期。这是一场影响每个人的变革，一场自下而上和自上而下的变革。无论我们是否愿意，没人能逃避。这将是一个数据、人工智能、智能机器人、智能和可持续的基础设施和自由思考的时代。对学习社区的发展而言，有巨大的可能性，但对于像学校这样的机构来说，也是很大的挑战。

在学校里，看上去合法地做的许多事情正在变成档案或过时。跟随着我的学生,我注意到信息渠道正变得越来越窄。演讲不流行了,信息和数据促使大家用不同的模式沟通。尽管如此,教师们仍然坚信,他们的声音将把他们的想法留在学生的记忆里。

曾经,我们似乎没有一件共同的大事,现在可能依然如此,即使是环境问题变得很严重,甚至将影响全球的生命。但更普遍的是,我们的青少年并不参与宏大叙事。他们生活在自由的世界里,每个人都可以找到对自己来说有意义的文化基础。无论好坏,他们超越了我们过往的经验。教育本身不是提高生活水平的途径,或者这个问题完全微不足道。例如,在芬兰,我们谈论"受教育程度低于其父母的第一代"。或许是我们的衡量方式不对。或许问题是,年轻人看到了我们无法看到的有价值的生活。

众所周知,成功的芬兰教育是更大的福利社会计划的一部分。在建立平等的教育体系的同时,我们为社会的整体幸福奠定了基础,如健康与社会护理、工作生活的可能性、男女平等以及其他许多为学校的成功创造了可能的事情。现在,正如我们曾知道的,福利国家的成本变得太高,国家内部移民正在一步步破坏平等的教育制度。不是系统本身,而是使童年因居住的地点不同变得有点不同。这些事情对我们的孩子来说不再是完全无法想象的。他们过去习惯于从不同的角度来看待世界,更强烈地坚信,美好的生活在很大程度上由自己的选择和梦想决定。

我们这一代人上学时,对未来抱有很高的期望,甚至我们的父母对我们的期望也很高,更好的工作、更高的薪水、更大的房子和汽车。现在,我们的孩子的期望不同了,也许我们可以称为期望变低了,尽管这些期望比我们的更重要,比如可持续的生活方式、工作和闲暇时间更好地结合、环境问题,等等。最大的不同是,这些期望中的大部分是真正的个人期望,不是共同的想法。这也是未来教育面临的最大挑战之一:如何谱写一首乐曲,让所有的声音都能被响亮而清楚地听到。

未来几十年,教育领域的管理体系会是什么样的?每个教育系统、国家或地方必须更加注意使用数据作为变革的关键驱动因素之一。数据的数量呈指数级增长,也比之前更容易获取。因此,教育愿景制定者和教育决策者最重要的技能之一是选择和使用可靠的数据。此外,学校自身也需要可靠的数据和评估来检查课程学习。对于喜欢改变的校长来说,这将是更重要的工具,因为高素质的教师需要与变革重要性相关的事实性信息。

全球化近在眼前,它极大地影响着教育世界。如果我们反思诸如过去两轮的 PISA 测试,并尝试找出在排名表的背后发生了什么。扫描学校系统,让每个人看到相关的分析。在一个大同小异的全球教育生态系统中,新品种非常罕见。最佳实践和懒于改变的教育观念在 PISA 温室里自顾自地存在。一切都在,但只是根深蒂固地盘踞在自己种下的那几畦整整齐齐的田地里。全球教育市场不会变化,因为这种评估节奏没有给教育决策者留出足够的时间去做事,除了刺激下一次竞争。

全球化与教育和教育者更相关的另一个部分是,世界成了一个大熔炉。人、语言和宗教不断变化。移民数量巨大,而且还在增加。如果从芬兰的视角来看,过去五年中许多方法对我们来说非常有挑战性。突然之间,大量人口同时涌入芬兰。所有的国家系统都无法完全承受这一浪潮。现在,尘埃落定,我们注意到多元文化、多语种和多宗教文化已经成为学校的现实。这个问题的答案是,我们不能只是更新我们的优良实践传统,还需要对所有的做法进行全新思考。平移无法包含文化的所有方面,主要症结是个人话语和表达方面。因此,我们无法为移民平移"学校",但我们必须创造一些新的东西,也许是一些共同的东西,适合所有孩子。这不仅仅对教育体制提出挑战,对教师和校长来说也是巨大挑战。我们已经看到一些征兆或模式,我们不再提国家课程,但更有可能提国际课程。在这把更大的"伞"下,多元文化学校更容易呼吸。

环境变化、新的工作和闲暇时间模式并行。正如我先前所说,环境问题可能是年轻一代面临的更大的全景,或者早已是如此。但像所有的故事一样,它并不连贯,因为有各种各样的现实,这取决于我们看到的是世界的哪些地方。但是,我们真的可以尝试总结争论:"如果学生不是每天来学校怎么办?如果学校将来因为严重的气候问题,像其他越来越独立于时间和地点的现代工作场所一样,会怎样?在这种新的开放空间或学习环境中,什么是教学、学习、学校领导和辅导人员?我们将如何组织这一计划,新教育图景的基石是什么?"也许我们必须以不同的方式重新思考整体的教育概念,勇于创新并且诚实。孩子在学校学习的内容在其他地方也可以学习,但是不能缺少专门的教学、辅导和领导。

对我来说,全球最佳实践是一块“红布”。我给它取了一个绰号——“懒主意”。缺乏任何独特的想法,或者不喜欢用自己的力量和能力去创造新东西的时候,最佳实践会成为选择。当然,你并非在偷别人的想法,而是会有一些改进。如果决策者们相信这样可以改变教育框架,就不会关注客户心中的想法。家长也一样,他们的孩子也是对教育质量感兴趣,而非数量。即使是最好的学校系统,也可能以旧式的方式构建起来。因此,所有成功的教育系统必须要求自己,做一些独特的亲手制作的产品,而不是完完全全批量化的生产。

很显然,学校作为学习型社区,必须以分布式和扁平化的方式来领导。学校也必须成为不怕犯错的地方,因为完全控制会破坏创造力。

校长总是生活在愿景和实践之间。因此,他们在教育政策中的作用非常重要。如果我们要改变学校文化,必须确保校长冲在改革的最前面。从大局来看,学校领导必须回答未来学校的几个问题。像许多国家一样,芬兰也喜欢更个人化地改变学校,所以,关键问题是,你如何领导人,而不仅仅是推行某种制度。在数据和信息的世界,学校工作也必须找到一条新的路。在多元文化和多语种的学校中,价值观会非常多样,校长如何更多地将其作为资源来使用,而不使其阻碍学校的发展?也许最大的问题仍然是学校文化的终结,因为我们知道它即将到来。不用考试的、基于技能的、多语种和多文化的学校对教师和校长来说都是巨大的挑战。这将打破我们对学校的旧观念。领导这种变化必然需要对学校的日常工作的愿景和创新有坚定的承诺。

许多教育政策制定者都需要跳出框框思考。学校仍然是持续教学和学习的地方。新学校可以走出教室,更灵活、结构自由、更富创造性和多元价值观,但无论它看起来如何或在哪里,始终是组织学习者学习的地方。学生,特别是那些年轻的学生,很难完全自我指导,很难在缺乏教师影响的情况下学习。也许学校的影响力会更大。在教育历史的早期,学校是共享知识的地方;但在未来,学校将是共享互动、同理心和价值观的地方。在新千年的第一个世纪里,我们需要所有这些技能。

将来怎样才能成为一流校长?首先要明白,这个问题没有标准答案。你需要以自己的方式做事,你不能成为别人,这就是为什么你必须成为你自己。重要的是,你要为教师和所有利益相关者指明方向。我们选择的是道德和教学的方向。指明方向也是分布式领导力的一部分,因为你无法一直盯着看你的员工在干什么。接受错误和错误的道路,没有惩罚,但方向必须清晰,并且描述得很清楚。

如果你希望做别人会追随的、独特的事,就要用与众不同的方式去做。不要追随他人,因为个性化教育需要个性化的学校和领导力。保持个性化,不要失去焦点。开设学校的唯一原因是为了学生。当你计划改变什么时,需要思考的第一个问题必须是,这会如何影响我的学生学习的可能性、幸福感和学习动机。与我们生命中所有的大变化一样,教育的变化也很困难。它需要勇气去改变一些事,也需要勇气来捍卫你的学校和教师,让他们免受批评。如果校长们没有站在前面为教师们提供庇护,所有的未来计划都将烟消云散。没有人会追随那些不会挺身而出的领导者。

未来的学校将会以许多不同的方式连接学生和教师。校长的作用是建立新的全国和国际网络。校长必须关注学校整体的幸福感,这是个性化教育的一部分。新的学习社区将比学校本身大得多。它们将是工作生活、高等教育、家庭和许多其他利益相关者的组合,它们可以为学生提供新的学习视角。校长的作用是鼓励教师和学生共同建设这种新型网络和社区。在行动过程中,校长必须耐心等待,因为罗马不是一天建成的,新的学习环境或新学校会一天比一天更好。但是,如果你承认无法独自做这件事,总有一天你能成为“顶尖的”校长。

附录：芬兰教育系统表

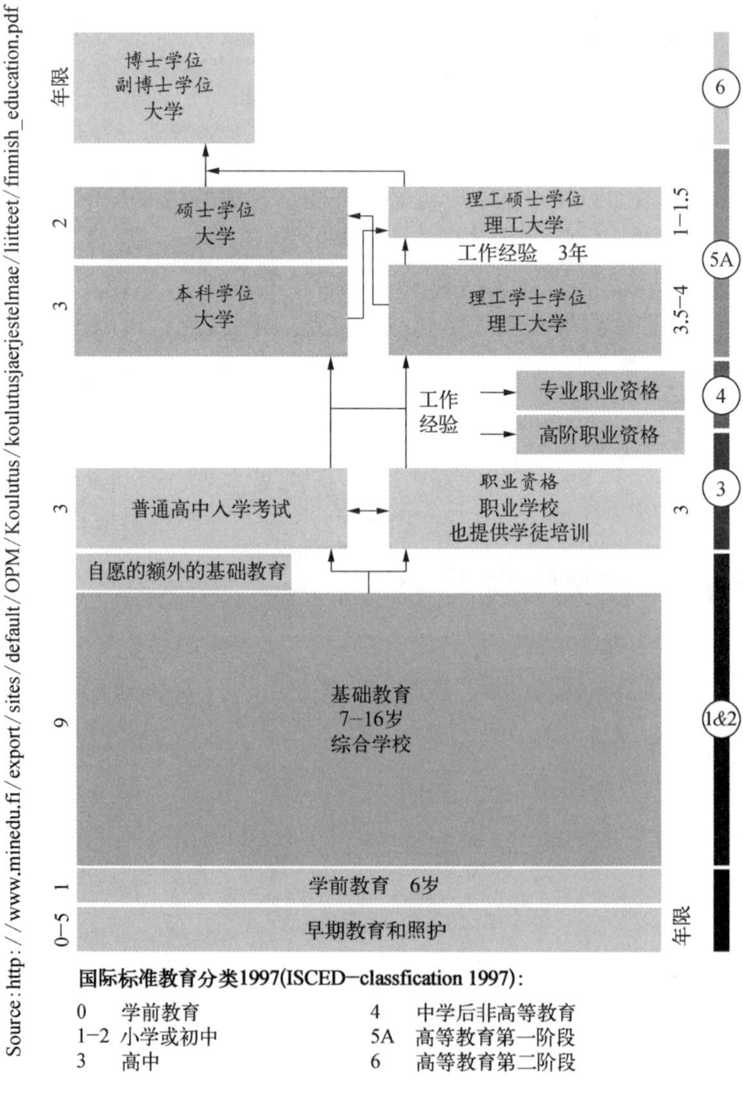

国际标准教育分类1997(ISCED–classfication 1997):

0　学前教育　　　　4　中学后非高等教育
1–2 小学或初中　　5A　高等教育第一阶段
3　高中　　　　　　6　高等教育第二阶段

致　谢

2013 年，在西格奈斯高中（Cygnaeus Upper Secondary School）教师休息室的一张咖啡桌旁，我产生了写这本书的想法。当时，我们邀请了非虚构小说作家艾瑞·图鲁宁（Ari Turunen）来校参观，与我们分享他作为作家的工作以及他的新书。在他的演讲之前，有一点时间，我们交流了各自在于韦斯屈莱学习的那些年关于学校和文学的话题。艾瑞告诉我，这些年，他在世界各地参加书展，总有人问他是否有关于芬兰学校的书。我们意识到，关于我们这个世人瞩目的“PISA 之国”的书寥寥无几，而且也很少有芬兰人在国外谈论芬兰学校。这种情况亟须解决，对此我也表达了我的担忧。艾瑞建议我要么写这本书，要么至少为此做一些组织工作。这个想法酝酿了 6 个月左右，在 4 月的一个雨天，我做了最后的决定。不过，宣布这一决定又花了一些时间。虽然从开始写作这本书到完稿的时间不长，但芬兰教育政治又发生了许多事情。在我担任校长的 20 年里，我从未见过芬兰在教育发展道路上这样优柔寡断。这在一定程度上可以解释为经济的持续疲软，但也与缺乏共同的愿景有关。更令人担忧的是,基层教育工作者的呼声不再像从前那样受到重视。信任的文化总是建立在开放和相互尊重的基础上。没有这两者,芬兰最好的发展资产——校长和教师,就不再为芬兰教育政治服务了。

有时候,我觉得这本书是关于芬兰学校的近代史。虽然各种不同的工作任务和责任让校长和教师感到压力,但我仍然认为他们的工作做得很好,很有效率。但是,我也确实感到一些联系在芬兰教育界工作人员之间的纽带断了。更重要的是,我认为芬兰应该立即修补这一纽带,以维持它的优质学校。

这本书的写作得到了各方面的支持和鼓励。首先,我要感谢作家艾瑞·图鲁宁和蒂娜·莱特安塔(Tiina Lehtoranta)对这个项目的信任,并鼓励我继续写作。如果没有他们的参与,这本书就不会产生,至少我不会写它。深深地感谢西格奈斯高中的师生,我并不认为这本书是关于我作为校长的个人工作,你们的声音始终在这本书中回响。埃默瑞迪·乔尔玛·莱姆皮宁(Emeriti Jorma Lempinen)和海基·帕克蒂(Heikki Parkatti)两位校长,他们都曾因对芬兰教育的贡献而获得总统授予的荣誉称号。他们是我职业生涯中很重要的人,特别是从理解和发展我的专业的角度来说。校长埃默瑞迪·乔尔玛·莱姆皮宁带我进入校长国际组织和网络,这也成了我多年来的第二职业,或者至少是一项认真的爱好。校长海基·帕克蒂对我与学生合作的方式产生很大的影响。他教我不要用一本正经的面孔讲正经事。此外，我也有幸与两位优秀的副校长共事。副校长塞波·凯斯基宁（Seppo Keskinen）在我还是一名年轻校长时，曾助力我的工作取得成功。后来，副校长特罗·希尔维（Tero Hirvi）也与我共同做领导，这段合作时间很久，现在我们已经十分默契，几乎不需要就愿景或战略方向再去征求彼此的意见。

我想对芬兰国家教育委员会普通教育部部长约玛·考沛宁（Jorma Kauppinen）和校长埃默瑞迪·乔尔玛·莱姆皮宁致以最诚挚的谢意。他们通读了本书的终稿，并给予了编辑建议，这对我帮助极大，虽然我为本书的不足之处承担全部责任。我还要感谢希勒米·阿布斯普（Helmi Abspoel）将这本有时很有挑战性的书翻译成英语，以及来自芬兰教育集群（Edu Cluster Finland）的首席专家戴维·马什（David Marsh），感谢他对本书英文版的建议和帮助。此外，我还要感谢美术教师海蒂·莫勒·维尔塔宁（Heidi Moller Virtanen）和学生伊娃·海瑞宁（Eeva Hirvinen）为本书提供插图和宣传材料。

在国际校长联盟工作，让我与中国和中国教育结缘。华东师范大学一直是我的大本营，我要感谢中国教育部中学校长培训中心主任代蕊华教授、熊万曦副教授、教育部中学校长培训中心港澳台与海外教育研究室主任万恒副教授的热情与合作。他们让我开阔了视野，看到并深入理解了中国教育中的许多内涵，特别是在学校领导方面。我还要感谢上海教育出版社的副社长刘芳和本书的编辑李玮，她们实现了我的梦想。感谢本书的翻译马敏博士，我们第一次在上海见面，讨论芬兰教育，她就给我留下了深刻的印象。感谢我在中国的其他伙伴和同事们，我们正在一起构筑未来。同时还要感谢芬兰国家教育署、芬兰教育部和于韦斯屈莱大学教育研究中心，有机会与他们一起工作，让我对芬兰国内及国际教育政策和研究有更深的理解。最深的感谢送给我的朋友、合作者和商业伙伴钱玉婷女士(Amy)，正是她的辛勤工作，才让这本书得以在中国出版。

最后，我最要感谢的是我最好的同事和我的妻子皮尔科・基尔皮科斯基(Pirkko Kilpikoski)，我十分荣幸能与她分享我的生活和职业。在很多场合，我们互相支持、互相安慰，分享学生的成功所带来的喜悦。没有与她的合作，我就不会成为现在这样的校长。我的妻子也值得我无尽感谢，她“历经磨难”通读了本书的初稿，任何人都知道这不是一份愉快的工作。

我想把这本书献给我的女儿萨拉。我希望她可以继续将学校看作富有乐趣的工作场所。

艾瑞・博卡

一名芬兰校长

芬兰，于韦斯屈莱

图书在版编目（CIP）数据

顶尖学校：芬兰学校领导与管理 / (芬) 艾瑞·博卡著；马敏译.
— 上海：上海教育出版社，2021.5
ISBN 978-7-5720-0634-0

Ⅰ.①顶… Ⅱ.①艾… ②马… Ⅲ.①学校管理－研究－芬兰
Ⅳ.①G553.16

中国版本图书馆CIP数据核字(2021)第080064号

Copyright © Ari Pokka, 2020
First published by Vehrä and Bookcover. Helsinki, Finland
Published in the Chinese language by arrangement with Shanghai Educational Publishing House Co., Ltd., Shanghai.

上海市版权局著作权合同登记号 图字 09-2021-0438号

责任编辑　李　玮
封面设计　陆　弦

顶尖学校：芬兰学校领导与管理
[芬] 艾瑞·博卡　著　马　敏　译

出版发行　上海教育出版社有限公司
官　　网　www.seph.com.cn
地　　址　上海市永福路123号
邮　　编　200031
印　　刷　启东市人民印刷有限公司
开　　本　700 × 1000　1/16　印张 14.25
字　　数　141 千字
版　　次　2021年5月第1版
印　　次　2021年5月第1次印刷
书　　号　ISBN 978-7-5720-0634-0/G·0482
定　　价　53.00 元

如发现质量问题，读者可向本社调换　电话：021-64377165